Père Alain QUILICI

CARNET DE ROUTE

Illustré par BRUNOR

SAINT-PAUL Éditions Religieuses

Sommaire

LA VIE

Entrer dans la vie

L'histoire de Mowgli, le petit d'homme abandonné dans la jungle a la saveur d'une parabole. Celui qui débute dans la vie peut se reconnaître en lui. La jungle dans laquelle il tombe est autrement plus inhospitalière et les dangers bien plus grands que ceux imaginés par Kipling.

Ce qui est extraordinairement attachant dans le personnage de Mowgli, c'est qu'il ne se laisse pas abattre. Il prend en main sa destinée avec une confiance à toute épreuve. Plus que tout autre, il pouvait avoir le sentiment d'avoir été abandonné. Cependant, il va réagir. Ainsi devrait-il en être de toi qui entre dans la vie.

Sans doute as-tu le sentiment d'être bien seul dans le vaste monde. Même si tu n'as pas à te plaindre de ta famille, tu vois bien qu'il va falloir se débrouiller sans elle. Mais peut-être fais-tu partie de ces nombreux jeunes qui ont souffert de leur famille, qui ont été abandonnés par elle... Peut-être éprouves-tu de la rancœur ou du ressentiment ? Tel le jeune Mowgli, tu es seul au monde, menacé d'être dévoré, contraint de demander de l'aide. Tu te sens entouré de gens dont tu ne sais s'ils sont amicaux ou hostiles.

C'est alors qu'il faut te rappeler que le petit d'homme ne possède ni crocs, ni griffes pour se défendre, ni fourrure, ni pelage pour se protéger. Ses armes, ce sont son intelligence, son cœur, son regard et ses mains. Voilà des armes bien supérieures à la force brutale ! A condition d'apprendre à en user...

Au moment d'entrer dans la vie, quelques convictions sont indispensables pour survivre :

– **D'abord,** tu n'es pas condamné à recommencer les erreurs de tes prédécesseurs. Ce n'est pas parce que tes parents se sont séparés, que tu ne réussiras pas ta vie de couple et de famille. Si tu as côtoyé le malheur et l'échec, tu ne dois pas fatalement le reproduire. Au contraire, fort de ton expérience, va de l'avant, sûr de mener à bien ce que tu entreprendras. Tu es d'autant plus fort que tu connais davantage les erreurs à ne pas commettre.

– Ensuite, il ne faut surtout pas que tu doutes de toi. La première règle pour réussir dans la vie est d'avoir confiance en toi. Souviens-toi que la force de Mowgli, c'est qu'il n'a pas peur du tigre ! Tu dois être persuadé que tu vas gagner. Tu dois aussi vite que possible te faire une juste estimation de toi. Tu y acquerras ainsi, pour entrer dans la vie, une force plus grande que celle de Shere Khan. Essaye de voir rapidement ce que tu peux faire, et surtout ce que tu ne peux pas faire. Et contente-toi de cela !

– Par dessus tout, dans la jungle, il est indispensable pour durer de demeurer libre, intérieurement et extérieurement.

La liberté intérieure, c'est la maîtrise de soi. C'est elle qui fait l'homme supérieur. Il n'est pas l'esclave de ses passions, ni de ses pulsions. Il n'est pas soumis à ses humeurs. Il garde la tête froide dans les dangers. Il sait être exigeant avec soi, mais accommodant avec les autres. Il sait ce qu'il veut, mais il est capable de tenir compte d'un bon conseil. Il ne dévie pas de sa ligne de conduite, s'il l'a mûrement choisie et s'il l'estime meilleure.

Mais tu dois aussi rester libre vis-à-vis des pressions extérieures. Et ce n'est pas le plus facile. Plus que jamais aujourd'hui, celui qui entre dans la vie est l'objet de convoitises en tous genres : publicité, propagande, pression de l'opinion publique, campagnes de presse, matraquage télévisuel... N'oublie pas que ces gens-là ne veulent pas ton bien. Ils veulent tes sous, si peu que tu en aies ! Avant tout, veille à rester libre ! L'homme libre est celui qui ne se vend à personne, ni pour de la musique, ni pour de la fumée, ni pour des idées, ni pour du rêve, ni pour de l'aventure.

– Et puis, tu dois te rappeler que le petit d'homme ne peut s'en sortir tout seul. Il a besoin des autres, comme les autres ont besoin de lui. Tout l'art est de bien choisir ses amis. Tel le jeune Mowgli, il faut savoir reconnaître dans la jungle les amis et les ennemis, ceux qui veulent ton bien, et ceux qui te veulent du mal. Il y faut du discernement et une juste appréciation. Ce n'est pas sur l'apparence qu'il faut juger les gens. Seuls ceux qui tiennent leur parole, méritent confiance. Seuls ceux qui sont fidèles à leurs alliances méritent le nom d'amis.

Et voilà que le Seigneur Jésus envoie dans le monde les petits fils d'homme "comme des agneaux au milieu des loups". Les loups du Livre de la jungle ne sont pas tous également accueillants. Et si le Seigneur nous envoie au milieu des loups, ce n'est pas pour nous inviter à nous laisser dévorer, mais pour nous montrer que la partie n'est pas facile. Face aux loups, l'agneau n'est pas totalement démuni. Sa douceur et sa faiblesse sont sa force. Il reçoit la mission inattendue de "sauver" le loup. Son arme, c'est le "feu" ! Ce feu qu'il prend en main et qu'il maîtrise. Ce feu n'est autre que l'Esprit-Saint ! Il consume les ennemis de Dieu, mais il éclaire et il réchauffe ses amis.

Depuis que le Christ s'est incarné, celui qui entre dans la vie, même s'il y entre nu et désarmé, comme Mowgli dans la caverne du père Loup, il n'y entre pas totalement démuni. Il est habité de la force de Dieu : *"Il est sorti vainqueur pour vaincre"* (Cf. Apocalypse). La vie est certes une jungle, mais le Fils de l'homme montre le chemin pour en sortir victorieux, sans haine ni peur.

Les Faux joueurs de flûte

Il y a des histoires très connues qu'on aime réentendre. Voici, à ma façon, celle du petit joueur de flûte de Bingen.

C'était un merveilleux joueur de flûte qui allait de village en village et proposait ses services aux municipalités. Il animait les fêtes et gagnait sa vie en captivant ses auditeurs par le charme de ses musiques.

Un jour, il arriva à Bingen, une petite ville au bord du Rhin. La ville était envahie par les rats. Il y avait des rats partout. Ils dévoraient tout. Ils abîmaient les maisons et toutes les provisions. Ils avaient envahi les bateaux et rongé tous les cordages. Ils aimaient particulièrement les entrepôts de tissus et les silos de céréales.

Quant aux bibliothèques, les rats n'aimaient rien tant que les livres, surtout les plus anciens, les plus précieux pour les hommes, les plus tendres pour les rongeurs. C'était un vrai fléau ! Les habitants de Bingen étaient au désespoir.

Le joueur de flûte leur proposa de les débarrasser de tous les rats. Il fixa son prix. Ils acceptèrent. Il se mit donc à jouer de la flûte. Et voilà que tous les rats quittèrent leurs cachettes et se rassemblèrent autour du joueur de flûte. Il se mit en marche et les rats le suivirent. Il les entraîna vers le Rhin, ce grand fleuve, dont le courant est si rapide. Il entra dans l'eau, les rats à sa suite. Le courant les emporta et ils se noyèrent tous.

Mais, quand le joueur de flûte revint en ville, les habitants, tout à leur joie, oublièrent de le payer. Il ne dit rien. Mais il prit l'habitude de venir tous les soirs sur la place qui est au bord du Rhin, et de jouer de la flûte. Il jouait des airs si merveilleusement joyeux, des airs tels que personne ne pouvait résister. C'étaient des airs à danser et tout le monde se sentait des ailes et dansait, même les rhumatisants ! Ou c'étaient des airs sentimentaux et tous se mettaient à rêver, même les plus sévères ou alors c'étaient des airs mystiques et tout le monde se prenait pour un ermite au désert.

Il joua tant et si bien de sa flûte que les jeunes de la ville ne pouvaient plus se passer de venir sur la place de la ville au bord du Rhin pour l'entendre. Ils ne juraient plus que par lui.

Le matin, le midi et le soir, le joueur de flûte réunissait les jeunes etjouait pour eux. Les parents avaient beau leur dire de se méfier, que ce n'était pas très normal, qu'il devait se cacher quelque sortilège là-dessous, rien n'y faisait. Tous étaient sous le charme.

Et voilà qu'un jour, le joueur de flûte se leva. Il jouait son air le plus

enjôleur. Tous les jeunes gens accoururent. Ils se mirent en marche à sa suite. Ils quittèrent la ville de Bingen. On ne les a jamais revus. Ce joueur de flûte, vous l'avez reconnu, était un envoyé du Malin.

Sans vouloir voir le Diable partout, encore qu'il mérite bien son nom de Malin car il est beaucoup plus malin que nous. Ce conte contient une leçon des plus utiles : Ouvrez les yeux et avant de suivre le premier charmeur venu, demandez-vous où il veut vous conduire.

Un foisonnement de "musiques"

Dans le monde où nous vivons, il y a de tels joueurs de flûte. Nous entendons retentir toutes sortes de "musiques", des messages divers qui jouent sur le charme, mais on ne sait pas bien où ils veulent nous conduire.
Il n'en manque pas de ces gourous qui vous attirent dans leurs groupes et vous promettent des résultats spectaculaires !

Il n'en manque pas de ces marchands d'images qui vendent à grand prix des machines à distraire, auxquelles on reste collé comme des mouches sur une vitre !
Il n'en manque pas de ces marchands de sensations qui vous flattent dans le sens de vos curiosités et de vos pulsions. Ils vous invitent au voyage. Ils vous payent le billet aller ; quant au billet retour, on n'en parle pas. Il n'en est même pas question.

Dans ce vacarme, la voix de Dieu a bien du mal à se faire entendre. Il est urgent d'apprendre à discerner ce qui vient de Dieu et ce qui vient des joueurs de flûte. Voici donc quelques éléments de discernement :

Détecter les marchands d'illusion

1. Les marchands d'illusion ont un charme incontestable. Ils savent y faire. Ce ne sont pas des amateurs, ce sont de vrais professionnels. Ils savent utiliser les gros moyens, ils ne lésinent pas sur les détails. Il n'est donc pas si facile que ça de leur résister. Ils savent très bien comment s'y prendre, comment vous prendre.

2. Ils vont dans le sens de vos désirs. Ils vous diront toujours : "Faites ce qui vous plaît, faites-vous plaisir, jouissez à fond, ne résistez à aucune pulsion, faites toutes les expériences que vous voulez !" La musique qu'ils font résonner à vos oreilles est faite pour vous captiver. Une musique qui charme et... capture !

3. Ils flattent votre jeunesse comme si le seul fait d'être jeune était une garantie. Et le meilleur moyen pour

vous flatter est de vous opposer aux adultes, aux parents, aux enseignants, à tous ceux qui se présentent comme pour vous empêcher d'être vous-mêmes. C'est un discours qui marche toujours. Les "malins" en savent quelque chose, et ils en profitent.

4 Les faux discours, en vous privant de l'éducation dont vous avez besoin, réalise le plan du père Ubu. Ils vous décervellent. Ils amollissent votre colonne vertébrale. Et une fois que vous avez le ventre mou, le squelette mou, la tête molle, vous êtes prêts à gober tout ce qui passe !

5 Votre argent les intéresse plus que vos personnes. Les plus connus sont les marchands de drogue, mais ils ne sont pas les seuls de cette espèce. Ils ne sont en rien intéressés par ce que vous pouvez ressentir. Ils n'ont qu'un souci : vous accrocher et vous faire cracher. Tout le reste est du baratin, tous les beaux discours, toutes les promesses. Cela est bien connu, il ne faut pas hésiter à le redire : car ces gens sont si malins qu'ils arrivent toujours à attraper ceux qui ne se méfient pas assez, et ceux qui se croient plus malins qu'eux.

Pour éviter de tomber dans ce piège, lequel attire tant de gens, il existe un chemin différent. Jésus est ce chemin. Nous en reparlerons !...

Le vrai joueur de flûte

Un jour, Jésus se mit à chanter. Il chantait une petite comptine que tout le monde connaissait, une comptine pour les petits enfants de son temps. Ça commençait ainsi : "Nous avons joué de la flûte, et vous n'avez pas dansé..." (Lc 7, 32) !

Jésus est venu à nous, tel un joueur de flûte. La musique qu'Il joue n'a pas pour but de "charmer" ni de "captiver" ses auditeurs. Elle nous donne un écho de cette musique céleste qui entoure le trône de Dieu, d'après ce que raconte le livre de l'Apocalypse (14, 3). Mais hélas, cette musique n'a pas eu sur terre le succès mérité. Sans doute n'avait-on pas les oreilles pour entendre (Lc 8, 8) ! Le joueur de flûte n'a pas été suivi. Il s'est retrouvé quasiment seul !

Jésus se compare à un joueur de flûte qui invite à sa suite ceux qui seront sensibles à sa musique. Mais contrairement à la légende, pour Le suivre, il faut vraiment le vouloir. Loin de promettre la facilité, Jésus annonce un chemin difficile. Sans élever la voix, sans menacer, ni faire de charme, Jésus dit seulement : *"Je suis le chemin !"* Sur quel chemin veut nous entraîner le divin joueur de flûte ? Pour le savoir il faut se demander :

Qu'est-ce qu'un chemin ?

Un chemin vient toujours de quelque part et va toujours quelque part. Sinon ce n'est pas un chemin. S'il ne mène à rien, c'est une impasse.

Jésus est le vrai chemin, car Il sait d'où Il vient et où Il va. Il vient d'auprès de Dieu, et Il retourne auprès de Dieu, qu'Il appelle son Père. Il nous invite à prendre ce chemin avec Lui. Il sait où Il nous mène.

Toute la vie chrétienne peut être comparée à une route qui nous conduit en un lieu sûr. Voilà la réponse à donner à tous ceux qui se demandent : quel est le sens de la vie ? Que faisons-nous sur terre ? Où allons-nous ? Toutes ces questions, Jésus est venu les résoudre. Il n'est pas venu seulement les éclairer, Il est venu montrer le chemin. Il invite à se mettre en route.

Description du chemin

Le chemin que Jésus nous propose de suivre est un vrai chemin. Il vient du ciel et conduit au ciel. Entre les deux, la vie que nous menons actuellement est un passage. Nous ne savons pas combien de temps va durer cette transition, cette transhumance. Elle peut durer longtemps ou être très brève. Nous n'avons pas à savoir. Mais pour tous, il y a cette certitude que la vie est un passage qui nous conduit vers Dieu. Dieu nous a voulus. Dieu nous appelle. Pour aller à Dieu, Jésus est le seul chemin possible. Si ce but vous intéresse, prenez ce chemin. Il est bon. Il est sûr parce que le guide est sûr. Ce n'est pas un piège qui nous conduirait où nous ne voulons pas aller.

Ce chemin est bien balisé. Tout du long, on trouve des indications précises, qui permettent de s'y reconnaître et d'avancer en toute sécurité. Ce chemin n'est pas comme ces autoroutes que l'on parcourt à toute vitesse en voiture climatisée. C'est une bonne vieille route sur laquelle il faut aller à pied ! Il faut se donner de la peine pour avancer.

Ce chemin change sans cesse d'aspect. Parfois large et spacieux, on y marche facilement sans obstacles. Mais il peut y avoir des passages délicats, qui font si peur qu'on a envie de renoncer. Parfois il monte, exposé au soleil, c'est fatigant et pénible. Parfois il descend brutalement et on risque de tomber. Et il y a plus d'un étranglement, où on ne passe que "un par un", et encore si on ne porte pas trop de bagages. Ceux qui sont trop chargés devront abandonner quelque chose, sous peine de ne pas passer.

Ce chemin, **il faut continuer à y avancer même durant la nuit**. Pour continuer, il faut faire une totale confiance au guide : s'Il nous dit que nous pouvons y aller, Il sait de quoi Il parle. D'autant que si nous tombons, Il sait nous relever.

Sur ce chemin, **on n'est pas seul**. C'est une file continue de marcheurs. En tête, il y a le Seigneur Jésus, Il marche devant. Il connaît la route. Comme le bon Berger, Il conduit son troupeau. Entre tous les marcheurs, un courant passe ! C'est l'Esprit-Saint. Il donne courage et force intérieure. Il met les marcheurs en communion les uns avec les autres. Il leur permet d'accepter les inévitables difficultés de la route.

La foule des marcheurs, ce sont tous les baptisés. Et ceux qui ne le sont pas sont invités à se joindre à la marche. Personne n'est exclu. Le chemin est à tout le monde. Il y a

aussi tous les marcheurs invisibles, tous ceux qui sont déjà arrivés avant nous, les saints et tous les défunts. Mystérieusement, ils sont avec nous. Ils nous aident et nous encouragent de leur prière. Sans oublier les anges, messagers de Dieu et protecteurs des hommes. Ils vont et viennent, pour nous assister et prier pour nous.

Les dangers...

Sur ce chemin, de nombreux carrefours invitent à faire le point, à prendre la bonne direction. Il est vital de ne pas se tromper de route, de ne pas dévier, ce qui veut dire changer de voie. Car il ne manque pas d'autres itinéraires, plus faciles, plus courts, plus ombragés, etc... Jésus nous avertit : "Beaucoup viendront en mon nom, et vous proposeront de les suivre. Ne le faites pas".

Il n'y a qu'une voie qui conduise à la vie éternelle, au vrai bonheur, au bonheur qui ne trompe pas, au bonheur qui dure éternellement. Toutes les autres propositions ne sont que des leurres, même si leurs apparences sont très attrayantes.

Le plus grand des dangers qui guette ceux qui prennent ce chemin est le découragement. La tentation est forte de s'arrêter et de s'installer au bord de la route pour regarder les autres passer. Jésus au désert a connu cette tentation. Satan a tout fait pour l'entraîner hors de son chemin, pour le "dérouter" !

Mais attention ! Quand la marche est trop difficile, il ne faudrait pas que le marcheur accuse le chemin. Il serait bien inspiré de considérer s'il n'a pas un petit caillou dans sa chaussure. C'est souvent lui, et non le chemin, qui empêche d'avancer.

... Et les joies

Sur ce chemin, la plus grande joie, c'est cette paix du cœur que donne la certitude d'être dans la bonne direction, de savoir où l'on va. Cette joie intérieure est très profonde, très personnelle. Difficile à décrire. Tous ceux qui prennent ce chemin sont sûrs de connaître cette joie, joie de l'amitié avec le Seigneur, joie de cette profonde fraternité qui unit tous les fils de Dieu, joie qui vient de la certitude d'aboutir.

Mais ce chemin a une particularité encore plus originale. Ici, ce sont les petits qui soutiennent et portent les grands. Ce sont les aveugles (aux charmes du monde) qui sont les plus clairvoyants. Ils peuvent indiquer leur chemin à ceux qui disent qu'ils voient clair. Ce sont les sourds (aux appels du monde) qui entendent le mieux les appels de Dieu et les mélodies célestes. Ce sont les muets (qui ne hurlent pas avec les loups) qui disent la vérité, et les silencieux qui proclament les louanges du Seigneur. Ceux qui sont tombés et qui ont été relevés, donnent du courage à ceux qui ont peur d'avancer. Ce sont les plus pauvres qui sont les plus riches. Ceux qui n'ont rien possèdent les biens les plus précieux. Ceux qui ont renoncé à tout sont les plus légers pour avancer. Ils ne manquent de rien.

Il n'y a qu'un seul vrai joueur de flûte, c'est le "bon berger". Il n'y a qu'un seul chemin qui aboutisse, c'est le Seigneur Jésus. Lui seul conduit à Dieu, Lui qui vient de Dieu.

Ce n'est pas de facilité, mais d'exigences dont nous avons besoin

Tout le monde n'a pas les mêmes exigences. Il y a ceux qui regardent les exploits des sportifs, bien calés dans leur fauteuil, et ceux qui vont s'entraîner tous les jours. Entre les deux, toute une panoplie d'attitudes. Plutôt que de se lamenter sur le grand nombre qui a pour tout idéal le feuilleton, en se gavant de frites..., admirons plutôt ceux qui ont un véritable idéal et payent de leur personne pour l'atteindre. Car il y en a ! Et il y en a beaucoup, même s'ils ne font pas la une des magazines populaires.

Tout le monde n'a pas les mêmes exigences, il est vrai. Mais il n'en demeure pas moins que, chez bon nombre de jeunes, la demande d'exigence est pressante.

Evidemment, il ne s'agit pas ici de sport, mais de ce qui donne un sens à la vie chrétienne : la réponse à donner à l'appel de Dieu, vocation religieuse ou sacerdotale, mais aussi vocation au mariage.

Quand un jeune entend l'appel intérieur à donner sa vie au Christ, à se mettre au service de l'Eglise, quand il se sent appelé à renoncer au mariage pour vouer sa vie au Seigneur, ou à abandonner une profession pour suivre le Christ, dans la pauvreté, il le fait parce qu'il est en quête de plus d'exigences, et non pas de moins d'exigences.

Il est prêt à renoncer même à ce qui lui tient le plus à cœur. Mais il n'acceptera de le faire que pour un bien supérieur, pour trouver davantage qu'il ne laisse.

C'est une erreur fréquente de penser qu'il faut tout faire pour faciliter la tâche des jeunes qui ont soif d'exigence. On pense bien faire en rognant les aspérités, en proposant un service minimum, une discipline molle. Peut-être par peur de manquer de monde, ou pour ne pas effaroucher le petit nombre des candidats, on craint de mettre la barre trop haut.

Erreur fatale ! Ce ne sont pas les exigences qui font peur. C'est l'absence d'exigence ! C'est la timidité, la couardise et la frilosité dans les propositions ! Celui qui va donner

sa vie veut un enjeu qui en vaille la peine !

Ce que recherche un jeune dans tout l'enthousiasme de sa jeunesse, c'est la difficulté à vaincre.

La montagne à vache de la spiritualité n'attire pas les montagnards du Bon Dieu, ceux qui aspirent aux sommets les plus hauts.

La réplique du Seigneur Jésus au jeune homme riche reste la norme : "Si tu veux être parfait, va, vends ce que tu possèdes et donne-le aux pauvres et tu auras un trésor dans les cieux, puis viens, suis-moi !" (Mt 19, 21). Le Seigneur ne propose pas de petites exigences, à la portée de tout le monde et bien raisonnables : il demande tout ! D'ailleurs, les apôtres, (gens fort raisonnables, du moins jusqu'à la Pentecôte), ne manquent pas de se récrier devant ses exigences :

"Entendant cela, ils restèrent tout interdits : "Qui donc peut être sauvé ?" disaient-ils. Jésus leur dit : "Pour les hommes c'est impossible, mais pour Dieu tout est possible" (Mt 19, 25).

Quand Il parle de prendre sa croix et de Le suivre, Il n'a pas peur d'effrayer les médiocres. Il donne l'exigence maximum, la seule qui vaille la peine d'être vécue.

Satan, lui, propose des chemins de facilité ! Il l'a fait avec le Christ aussi, en lui proposant de changer les pierres en pains quand Il eut faim. Ce qui manque aujourd'hui, ce ne sont pas les propositions de vie facile. Les propositions de facilités surabondent. Il suffit de lever les yeux pour se voir proposer la bonne affaire du jour, l'argent gratuit, le voyage de rêve, la voiture pas chère, l'anglais sans peine, etc...

Or, en dépit des discours actuels, il existe aujourd'hui des jeunes remplis d'idéal, à la recherche d'exigences fortes, prêts à payer de leur personne, à prendre des routes escarpées.

Ce qui manque peut-être, ce sont des maîtres et des guides, des pères et des mères qui aient l'audace de demander, autant que le Seigneur demande, des saints qui aient l'audace de dire avec et comme saint Paul : "Montrez-vous mes imitateurs, comme je le suis moi-même du Christ" (1 Co 11, 1). Il faut pouvoir le dire !

Comment ne pas évoquer ici la figure providentielle de Mère Térésa ? Ce qu'elle demande à ses sœurs dépasse ce qui est humainement raisonnable. Et c'est ça qui intéresse ! Ce qu'elle demande, elle le vit. Ce qu'elle vit, attire et donne envie d'être vécu.

On manque de vocations, dit-on. Ce n'est pas vrai ! Des vocations, il n'en manquera jamais, car ce ne sont pas les hommes qui appellent. Dieu s'en charge. Et il ne semble pas qu'il ait renoncé à appeler. Mais, ce qui manque sûrement, ce sont des intermédiaires audacieux pour répercuter l'appel de Dieu, pour stimuler à faire le premier pas, donner envie de mener une vie semblable à la leur ; ils accompagnent avec fermeté ceux qui sont prêts à répondre à l'exigeant appel de Dieu.

Ce n'est pas à plus de facilité que tant de jeunes aspirent, mais à plus d'exigence. Pas des exigences au rabais ! Mais de grandes et nobles exigences, de celles qui méritent qu'on donne sa vie pour elles. "Tout athlète se prive de tout ; mais eux, c'est pour obtenir une couronne périssable, nous une impérissable. Et c'est bien ainsi que je cours, moi (...) Je meurtris mon corps au contraire et le traîne en esclavage, de peur qu'après avoir servi de héraut pour les autres, je ne sois moi-même disqualifié" (1 Co 9, 25-26).

La foi du Bon Larron

Pour comprendre les choix auxquels les Chrétiens sont confrontés, à toutes les époques et quel que soit leur âge, il faudrait se remémorer l'épisode du Golgotha. Trois condamnés sont exécutés. Deux d'entre eux expient leurs actes, comme ils le disent eux-mêmes (Lc 23, 41). Le troisième d'entre eux est condamné pour ses idées et ses paroles. La scène est particulièrement tragique et douloureuse. De plus, tout le monde est pressé. On est à la veille d'une fête. Les occupants romains veulent avoir la paix : ils éliminent un problème. Les "religieux" veulent faire place nette afin de célébrer la fête en toute pureté légale. Sur cette colline de la mort, il y a deux genres de spectateurs : ceux qui voient les choses d'un point de vue strictement humain avec d'un côté les observateurs, de l'autre les exécuteurs ; et ceux qui voient les choses d'un point de vue divin : Marie, quelques femmes, de rares fidèles et, parmi eux, de façon inattendue, l'un des condamnés ! Celui-ci amorce un bref dialogue avec son compagnon d'infortune : "Jésus, souviens-toi de moi, lorsque tu viendras avec ton Royaume" dit le condamné. "En vérité, je te le dis, aujourd'hui même, tu seras avec moi dans le Paradis", répond Jésus (Lc 23, 42-43).

Deux façons d'entendre ce dialogue

Les observateurs ne peuvent y voir qu'une absurdité totale : deux condamnés parlent d'avenir alors qu'ils n'en ont aucun, si ce n'est celui de mourir à l'instant ! Rien de plus insensé ! Celui qui demande une place dans le royaume se berce d'illusion. Aucun royaume ne va s'installer et il est évident qu'il n'y aura aucune place pour lui.

Quant à celui qui promet une place pour le jour même, il se moque du monde ! La preuve, ils meurent tous les deux ! Les observateurs peuvent repartir contents : il ne s'est rien passé, si ce n'est un échange de mots !

Les fidèles entendent tout à fait autre chose. S'ils l'ont rapporté, c'est bien qu'ils n'en sont pas restés au sens littéral des mots. Ils ont reconnu que celui qui interrogeait était un croyant. Ce vrai croyant ne demandait rien pour cette vie. Il savait bien qu'il allait la quitter ! Mais il évoquait cette vie éternelle dont Jésus a parlé et qu'il a promise, celle qui donne sens à sa situation, désespérée. Et, dans la réponse de Jésus, les fidèles ont reconnu l'accomplissement de cette promesse. Ce n'est plus une promesse, c'est une merveilleuse invitation fondée sur la parole de Dieu lui-même, comme tout croyant souhaiterait l'entendre pour son propre compte. Le tout est de savoir si on croit ou non que c'est vrai.

Deux lectures de la même réalité

Ces deux lectures du même épisode, on les retrouve toujours. Il y a toujours deux lectures des événements et donc deux prises de position possibles : une lecture d'en-bas, et... une lecture d'en-haut.
Il y a la lecture de ceux qui estiment avoir les pieds sur terre, être des réalistes, des gens raisonnables, qui vont de certitude en certitude. Et puis, il y a la lecture de ceux qui font confiance à une parole, parce qu'ils ont de bonnes raisons de penser que celui qui parle, parle en connaissance de cause. Il y a là deux regards contradictoires. Pour les uns, rien d'autre ne compte que ce qui est palpable, maîtrisable, vérifiable. Pour les autres, le Royaume n'est pas de ce monde. Ils ont leurs racines dans le ciel : ils n'attendent rien pour cette terre, car leur avenir est en Dieu.

Ce qui est difficile dans la foi chrétienne, c'est qu'elle nous situe d'emblée à un autre niveau : elle affirme la réalité de ce qui échappe à l'évidence. Et si, par facilité, on évacue ce regard, on vide la révélation de son contenu et de son sens. Le choix est difficile, il est vrai. Mais, la difficulté une fois éliminée, le message devient-il davantage intéressant ?

L'accompagnement spirituel : Il est nécessaire d'être accompagné

Nul ne peut se débrouiller seul. Celui qui veut se lancer en solitaire dans une grande aventure sera bien inspiré de prendre quelques conseils avant de partir. Il en est de l'aventure spirituelle comme de toutes les grandes aventures de ce monde. On ne peut s'y risquer imprudemment, sous peine de piétiner, de tourner en rond ou de s'égarer.

De même qu'il faut apprendre à faire de l'escalade, à traverser un glacier, à piloter un voilier, ou à traverser le désert du Sahara, il faut apprendre à prier. Celui qui se lance dans la grande aventure de la vie spirituelle a besoin d'un guide. Il a besoin d'une carte d'état-major. Il a besoin d'une trousse de secours.

Dans les premiers siècles du christianisme, des foules de jeunes gens sont partis au désert. Ils voulaient

vivre une union à Dieu que rien n'entrave. Ceux qui s'y aventuraient seuls revenaient vite. Le désert les chassait et les refoulait vers la ville et la société des hommes.

D'autres, plus prudents, avaient soin de s'adresser à des solitaires expérimentés. Ils se mettaient à leur école. Ils écoutaient leurs enseignements. Ils tiraient profit de leur expérience. Et ces moines expérimentés qui avaient passé, pour certains, plusieurs décennies en solitaires, transmettaient à leurs disciples ce dont ils avaient besoin pour se débrouiller seuls. Ils leur enseignaient avant tout le discernement, c'est-à-dire l'art de distinguer les bonnes pensées des mauvaises. Car il y a des pensées qui vous passent par la tête et qui sont de bonnes pensées qui viennent de l'Esprit-Saint. Il faut les méditer et suivre leurs conseils.

Et il y a des pensées mauvaises dont les unes conduisent à la mort de la vie spirituelle, et dont les autres ne mènent à rien, ce qui, au désert, ne vaut pas mieux ! Ce que ces grands moines ont vécu au désert ressemble à ce que tout chrétien est appelé à vivre, quel que soit son état de vie.

Tout le monde n'est pas appelé à vivre au désert, cette vocation est réservée au petit nombre. Tout le monde n'a pas une vocation de moine ni de religieuse. Mais tout le monde est appelé à imiter le Seigneur Jésus et à s'engager résolument à sa suite. Tout le monde est appelé à réaliser son humanité et à s'épanouir.

Là commence l'aventure. Si l'on voit tant de gens échouer dans cette entreprise pourtant courante, c'est qu'ils n'ont pas pris le bon chemin. Et s'ils n'ont pas pris le bon chemin, c'est qu'ils ont été mal conseillés. Mais ont-il seulement demandé conseil ? Ont-ils trouvé quelqu'un pour les accompagner ? Ont-ils estimé comme essentiel d'avoir un entraîneur ?

Récemment, je parlais avec un jeune joueur de rugby du Gers. C'est un grand gaillard taillé comme une montagne, fort comme un taureau et doux comme un agneau. On sentait qu'il y avait en lui une puissance de frappe à laquelle il valait mieux ne pas se coltiner.

Or, il racontait que malgré sa carrure, il savait si mal gérer sa puissance qu'il sortait épuisé d'un match de rugby. Jusqu'au jour où son club avait intégré un excellent entraîneur. Après avoir évalué les capacités de chacun des joueurs, il leur avait concocté une progression adaptée à chacun, selon son poids, son âge, sa force.

Et voilà qu'en quelques mois, il s'était senti devenir un autre homme.

Désormais il savait doser l'effort à fournir. Il savait récupérer rapidement. Il maîtrisait son souffle, etc, si bien qu'il sortait d'un match, qui autrefois l'aurait vidé, certes fatigué mais non anéanti. Les résultats du club n'avaient pas tardé à s'en ressentir.

Il y a bien des choses dans la vie courante qu'on ne peut pas inventer. Trop de jeunes sont démunis, parce qu'on ne leur a pas expliqué ce qu'ils devaient faire, parce qu'on ne leur a pas donné les clefs du comportement convenant aux diverses situations, des clefs pour comprendre ou pour réagir. Les parents parfois se sentent incapables de transmettre ce qu'ils n'ont peut-être pas eux-mêmes reçu. Les enseignants s'en tiennent à leur spécialité. On leur reprocherait d'en sortir. Les animateurs sont souvent dépassés et ne savent plus où donner de la tête.

Mais qui donc va enseigner à vivre ? Qui va transmettre les codes de la vie sociale, ceux de la vie morale, ceux de la vie civique, qui ne sont pas inscrits aux programmes des lycées. Et personne ne peut les inventer !

C'est la même chose dans la vie spirituelle ! Dans la vie spirituelle, comme dans la vie sportive et dans la vie civique, il est nécessaire d'être accompagné pour débuter, sous peine de n'y arriver jamais. Suivant les époques, on a parlé de maître spirituel, de directeur spirituel ou de conseiller spirituel.

Les noms ont changé, les méthodes aussi, mais le besoin reste le même. Il s'agit toujours de quelqu'un appelé à transmettre son expérience à quelqu'un d'autre désireux de progresser.

Que faut-il attendre de l'accompagnement spirituel ?

Quand on parle d'accompagnement spirituel, on pense souvent à la confession. Ce sont pourtant deux activités qu'il ne faut pas confondre.

La confession

La confession est un sacrement, un acte du Christ, une liturgie. Si tu viens te confesser, tu dois nécessairement t'adresser à quelqu'un qui a été ordonné pour ce ministère. En effet, si tout le monde peut et doit pardonner lorsqu'on l'offense, seul Dieu peut pardonner les offenses qui lui sont faites. Le Christ a clairement confié à ses Apôtres cet important pouvoir de délier ceux qui se seraient liés vis-à-vis de Dieu (Mt 16,19). Les Apôtres ont transmis ce pouvoir en imposant les mains (1 Tm 4,14). Et de mains en mains ce pouvoir nous est parvenu. Si tu t'adresses à un prêtre pour recevoir ce sacrement, tu ne lui demandes pas forcément un accompagnement spirituel. Tu te sais pécheur. Tu regrettes ton péché. Tu viens l'avouer à haute voix au Seigneur. Tu demandes à recevoir de lui le pardon (on dit l'absolution) et la réconciliation avec une réparation. Et si le prêtre t'adresse une parole de réconfort, s'il t'exhorte dans tes bonnes résolutions, ou s'il estime devoir te réprimander, ce sera toujours bref. Ce n'est pas le lieu d'engager un long dialogue. On ne demande au prêtre que deux choses : avoir les pouvoirs de confesser et exercer comme il convient son ministère.

L'accompagnement

L'accompagnement spirituel est d'un autre ordre. Il ne s'agit ni d'un sacrement, ni d'une liturgie ecclésiale.

Il s'agit sous le regard du Seigneur, d'une rencontre fraternelle où tu viens parler de toi afin de mieux discerner quelle est la volonté du Seigneur, et comment agir en conséquence. Il est possible qu'on en vienne à aborder des domaines qui relèvent de la confession, ou que l'entretien révèle des zones de péchés. L'accompagnement conduira alors naturellement au sacrement. Mais attention : la vie spirituelle ne se limite pas au domaine du péché. Pour avancer dans ta vie spirituelle, tu as besoin d'y voir clair dans tes choix. S'il s'agit de décisions à prendre, tu as besoin de lumière. Si tu as un problème douloureux, tu as besoin d'une oreille attentive et délicate. Si tu es de tempérament hésitant, tu as besoin de fermeté. Si tu abordes un point sensible, tu attends de la bienveillance et de la patience. Mais ce dont tu as besoin par dessus tout, comme tout le monde d'ailleurs, c'est d'une vraie charité.

Jésus, maître spirituel

Le dialogue du jeune homme riche avec le Seigneur Jésus est un modèle d'accompagnement spirituel. Cet homme jeune s'adresse à Jésus pour lui demander une orientation de sa vie : Que faire pour atteindre la vie éternelle ? Mais en posant sa question il fait une erreur que Jésus relève aussitôt. Il dit : "Bon Maître, que dois-je faire ... ?"(Mc 10,17). Quand Jésus lui rétorque que "seul Dieu est bon", il donne une des clefs de l'accompagnement spirituel : l'accompagnateur ne doit en aucun cas prendre la place de Dieu. Il n'est que l'intermédiaire entre celui qui pose une question, et il faut l'aider à préciser sa question, et Dieu dont on cherche à discerner quelle est la volonté. On ne vient pas trouver son accompagnateur pour lui dire : "toi qui sais tout, dis moi ce que je dois faire !" Mais, à ton sens, "que veut le Seigneur pour moi ?"

Ensuite Jésus répond clairement à la question qui lui est posée. Il ne tergiverse pas. Il va droit au but. Il éclaire la conscience de celui qui l'interroge. Il le renvoie à l'essentiel, à la source, en un mot à la parole de Dieu. Et voici le jeune homme confronté à cette parole qui est Dieu. Il s'examine lui-même et en conclut qu'il est en phase avec elle : ce qu'elle dit, il le fait. Mais il veut aller plus loin. Il ne lui suffit pas d'être un bon observateur de la loi, il veut entrer plus intimement, plus personnellement dans l'amitié de Dieu. Il pose donc une autre question, plus directe : "Que me manque-t-il encore ?" (Mt 19, 20). Alors, dit l'évangéliste, Jésus se prit à l'aimer. Par sa question, le jeune homme est déjà entré dans cette amitié de Dieu qu'il recherche sincèrement. L'accompagnateur est sensible à l'authenticité de cette demande. Il la reçoit comme elle vient. Il y réagit en

s'impliquant personnellement. Il est heureux que Dieu soit aimé, et il n'hésite pas à manifester en retour de l'amitié à celui qui aime Dieu. Au nom de cet amour, Jésus propose une nouvelle exigence à celui qui l'interroge. Et il va très loin. Il ne lésine pas sur l'effort qu'il demande. Il parle de vendre tous ses biens, de tout abandonner et de changer de vie. C'est une proposition. Ce n'est pas un ordre. Et l'on sait que le jeune homme en question ne donnera pas suite. Le prix à payer est trop élevé pour lui. Il n'est pas prêt. Il n'est pas mûr. Plus tard peut-être. Pas maintenant. Que fait l'accompagnateur spirituel ? S'accroche-t-il, insiste-t-il, fait-il "la morale" en disant que ce n'est pas bien de poser des questions et de ne pas accepter la réponse ? Rien de tout cela. Jésus remarque simplement qu'il est bien difficile de se séparer de ses biens matériels.

L'attitude de l'accompagnateur

Tu t'adresseras à quelqu'un dont tu apprécies le bon jugement et l'expérience personnelle. Mais aussi quelqu'un dont tu sais qu'il respectera ta liberté. Ce peut être un prêtre mais aussi un laïc, une mère de famille, une religieuse ou un couple. Tu t'adresseras à lui en toute confiance mais non sans avoir vérifié qu'il mérite cette confiance. Tu ne te livreras pas à lui, pieds et poings liés, comme si tu renonçais à prendre tes responsabilités. Mais tu t'efforceras d'être le plus clair possible avec lui, afin d'être le plus clair possible avec toi.

Ce qui t'intéresse, c'est que ta conscience soit éclairée afin de discerner la volonté de Dieu. Il faut oser aller jusque là, même si tu ne dois pas donner suite pour le moment, à l'instar du jeune homme de l'Evangile.

L'accompagnement spirituel va t'aider à gagner en lucidité dans la découverte de toi-même. Si l'accompagnateur est habile, il saura par des questions discrètes et précises t'aider à exprimer ce que tu portais en toi mais que tu n'arrivais pas à formuler. A la fin de l'entretien, tu verras que tu te seras plus éclairé toi-même, que tu n'auras été éclairé par lui. Tout l'art est là.

Dans l'entretien, tu vas confier à ton accompagnateur les combats que tu mènes, les obstacles auxquels tu te heurtes, les blessures (parfois anciennes) dont tu portes les cicatrices encore douloureuses. Dans ces cas, tu auras moins besoin de conseils que de prière.

Ton accompagnateur prie pour toi. Vous prierez ensemble. Il confie au Seigneur ce que tu lui dis en confidence. Il lui remet les fardeaux que tu portes. Il prie pour ta libération, si tu as contracté de mauvais liens. Il te remet entre les mains du Seigneur Jésus, venu pour nous guérir.

Tu ne dois pas demander à ton accompagnateur de prendre les décisions à ta place. Mais de t'aider à n'éviter aucune question, de t'éclairer sur les divers aspects du problème et de t'indiquer, surtout si plusieurs choix sont possibles, quel est l'enjeu de la décision à prendre.

Car il peut arriver que tu t'aveugles toi-même, que tu ne veuilles pas voir les risques ou les menaces. L'accompagnateur saura, selon les cas, te stimuler ou t'apaiser, aviver ton courage ou te freiner dans tes excès.

Tu es en droit d'attendre de ton accompagnateur qu'il te console dans tes peines profondes, qu'il porte sur toi ce regard chaleureux que Jésus porte sur le jeune homme riche. Il exprime pour toi toute la miséricorde qui est dans le cœur de Jésus. Il t'entend. Il te comprend. Il te prend comme tu es. Il ne te condamne pas. Sa parole est comme un baume apaisant.

Tu sais bien qu'il ne peut "se mettre à ta place". On ne se met jamais à la place de quelqu'un. Mais il est là. Il ravive en toi l'esprit de force que Dieu donne à ses enfants (2 Tm 1, 7).

Mais, avant tout, l'accompagnement spirituel est un exercice de vraie charité. Cette charité est patiente, ne cherche pas son intérêt, ne s'irrite pas, ne tient pas compte du mal et met sa joie dans la vérité. Elle excuse tout, croit tout, espère tout, supporte tout (1 Co 13, 4). En fait, le ministère de l'accompagnateur spirituel consiste à te rappeler que tu es aimé de Dieu afin de t'inciter à Lui rendre amour pour amour.

Mais de quoi va-t-on parler dans l'accompagnement spirituel ?

Souvent, les jeunes hésitent, et finissent par renoncer à chercher un accompagnateur spirituel, parce qu'ils se demandent de quoi ils pourront bien parler avec lui. Leur grande crainte est cette question : "Mais que veux-tu que je lui dise ?", en réponse aux parents qui conseillent d'aller voir quelqu'un.

Il y a aussi la crainte que ne soient abordées des questions très personnelles, des questions indiscrètes, que l'accompagnateur ne mette le doigt sur un sujet trop douloureux, comme telle situation familiale écrasante.

Qu'on se rassure ! Voici un bref catalogue de questions qu'il est possible d'aborder. (N'oublie pas que si tu demandes à être accompagné, tu restes le maître du jeu). C'est toi qui choisit le sujet à aborder et qui, par ta demande, va influencer l'attitude de ton accompagnateur.

1 La vie de prière et la relation à Dieu

Les disciples eux-mêmes ont demandé au Seigneur de leur apprendre à prier. Il est donc bien normal que tu estimes ne pas savoir bien prier et que tu aies besoin qu'on t'éclaire. Il est bon pour toi de pouvoir parler de ta façon de prier. Est-ce que tu sais lire les Ecritures comme il convient pour passer de la lecture à la méditation, puis de la méditation à la prière ?

Dans l'oraison silencieuse, que fais-tu ? Tu dors, tu t'ennuies, tu entends des voix, tu te parles, tu te tais... A moins que tu ne pries plus du tout parce que tu n'en trouves jamais le temps. Faut-il tenter quelque chose ou bien abandonner ?

Si tu es dans une phase de grande ferveur, comment faire pour ne pas t'illusionner toi-même et ne pas te prendre pour un saint Jean de la Croix ? Si tu es assailli de doutes, que dois-tu en conclure ?

2 Les décisions à prendre et les grandes orientations de vie

On ne prend pas tous les jours une décision qui engage l'avenir, mais cela arrive de temps en temps. Avec ton accompagnateur, tu vas pouvoir en parler.
Avec lui, tu vas peser les enjeux à l'aune de l'Evangile. Avec lui, tu vas débattre des choix à faire dans les

domaines professionnels et personnels. Tu ne lui demandes toutefois pas de se substituer aux diverses autres compétences que tu consultes. Mais, tu lui demandes de t'aider à porter un regard chrétien sur la situation.

Avant de poser un acte public qui t'engage, de prendre un engagement politique, de te décider pour une carrière ou d'accepter une responsabilité, tu as besoin de lumières. Le rôle de ton accompagnateur est précisément de t'éclairer.

3 En matière de vocation religieuse ou sacerdotale

Il est primordial de pouvoir en parler avec celui qui t'accompagne dans ta vie spirituelle. Es-tu fait pour être religieux ou religieuse, es-tu fait pour être prêtre dans tel diocèse ? Quels sont les critères pour vérifier ? Et toi, que dois-tu faire ? Ton accompagnateur spirituel sera à même de t'éclairer parce qu'il te connaît. Dans ce domaine de la "vocation", plus qu'en tout autre, le suivi et la progression sont nécessaires. De même pour le mariage, qui est une autre vocation.

4 Son évolution dans ma vie affective

C'est un sujet que, jeune adolescent, tu n'aimes pas aborder ; un de ces domaines qui te freine pour deman-

der un accompagnement spirituel. Comme chacun, tu as des domaines réservés. Tu as du mal à vaincre ta pudeur. Ton accompagnateur te dit qu'il faut que tu sois patient avec toi-même.

Il te dit que les questions de vie affective que tu n'osais pas aborder à seize ans, tu pourras en parler quand le temps sera venu. Tu sens bien que tu pourras plus facilement le faire quand tu auras déjà abordé avec lui toutes sortes d'autres questions, plus générales, et que tu auras créé des liens de confiance.

Un jour ou l'autre, le besoin s'imposera de parler de ton cœur, de ton désir d'aimer, de ta déception de ne pas l'avoir été, etc.

C'est tellement important pour toi de trouver ton équilibre et ton bonheur. Or, ce n'est pas sans lien avec ta vie spirituelle, ta relation à Dieu qui est un Dieu d'amour.

5 La situation familiale

Dans la vie d'un jeune, la famille occupe une place primordiale. Tu es chez toi, et, progressivement, tu ne te sens plus chez toi. Cette situation te fait souffrir. Tu peux avoir besoin d'en parler, de vérifier si ton attitude est bonne, si tu réagis convenablement ou pas. Parfois, tu es mêlé à des drames qui te dépassent, t'écrasent. Tu as d'autant plus besoin d'en parler que, souvent, tu culpabilises, tu penses que c'est de ta faute. Le Seigneur a-t-il quelque chose à me dire dans ce domaine ? Une lumière évangélique ne pourrait-elle pas t'aider ?

6 Les pensées qui occupent l'esprit

Voilà encore un vaste domaine, une vraie forêt vierge dans laquelle tu risques bien de te perdre. Que faire avec ces pensées de jalousie, de haine, de cruauté... qui te prennent parfois et ne te lâchent pas ? Et cette envie qui te pousse à convoiter ce que les autres ont et que tu n'as pas ? Ou ces bouffées de colère qui te harcèlent ? Es-tu normal, es-tu un monstre ? Comment gérer ce monde intérieur que les autres ne voient pas, qu'ils ne soupçonnent pas, mais qui te tracasse si fort. Si tu ne le maîtrises pas, il va t'étouffer. Il faut que tu fasses quelque chose. Ton accompagnateur spirituel est bien placé pour t'aider à t'y reconnaître dans ce foisonnement d'idées.

Et puis, il y a pire, tu oses à peine l'avouer. Mais, parfois, tu es harcelé par la tentation du désespoir. Ou bien, il t'arrive d'avoir en toi un tel désir de vengeance que tu te demandes si tu pourras y résister. On t'a fait tant de mal, on t'a tellement humilié que, si tu trouves une occasion, tu te vengerais volontiers, quitte à gâcher tout le reste de ta vie. Heureusement, ton accompagnateur spirituel, qui te connaît bien, avec lequel tu parles en toute confiance, saura porter sur toi ce regard de miséricorde dont tu as besoin. Il t'aidera à y voir clair, et à réfléchir avant d'agir.

7 Distinguer ce qui relève des commandements et ce qui relève des conseils

Dans l'Evangile, le Seigneur donne tantôt des ordres, tantôt de simples suggestions. Il est important pour toi de ne pas les confondre.

En effet, si tu prends un commandement pour un simple conseil, tu passes à côté de quelque chose d'essentiel. Par exemple quand Jésus dit : "Ce que vous ferez au plus petit de mes frères, c'est à moi que vous le ferez !", il n'y a pas à hésiter : c'est un ordre. Tu ne saurais le prendre à la légère. Par contre, si tu prends un conseil pour un commandement, tu risques de te culpabiliser inutilement si tu n'arrives pas à le suivre.

Par exemple, quand Jésus déclare que certains ne se marieront pas à cause du Royaume de Dieu, il ne commande pas de ne pas se marier. Il réserve ce conseil à quelques uns. Ton accompagnateur t'aidera à faire la part des choses.

8 Les relations avec les autres

La vie est faite de relations. Que ce soit des parents, des frères et sœurs, des copains, des enseignants, des collègues, des concurrents... il y a toujours quelqu'un avec toi. Or, tu ne sais pas toujours comment te comporter. Il y en a que tu détestes et qui s'accrochent à toi, d'autres que tu aimerais fréquenter, mais qui te fuient. Tu es malheureux. Que faire ? De plus, tu es affreusement timide, ou fier, ou méfiant. Tu n'arrives pas à affronter des situations pourtant simples.
N'y a-t-il vraiment rien à faire ? Le Christ n'apporte-t-il aucun secours dans ce domaine ? Mon accompagnateur spirituel a sûrement quelque chose à me dire. Il faudra que je lui en parle.

La pseudo difficulté à trouver des sujets à aborder n'est vraiment pas le problème. En effet, s'agissant de questions très variées, ton accompagnateur, en t'incitant à la lucidité, en stimulant ton courage pour t'exprimer et en te donnant un avis éclairé, t'aide à grandir. Il te rend libre.

Mettre son honneur à mériter confiance

Parmi toutes les devises proposées aux jeunes pour diriger leur vie, je donnerai la priorité à ce premier article de la loi des scouts : **"Je mets mon honneur à mériter confiance"**. Rien ne me paraît plus beau que cette devise ! Et elle convient tellement bien aux chrétiens dont toute la vie repose sur une parole reçue, et à vivre.

Il est très bon dans la vie d'avoir ainsi quelques formules clés auxquelles on se raccroche. Elles permettent de *faire le point périodiquement.* C'est une bonne pratique que de se choisir une devise ou de se fixer quelques règles de vie. On peut ensuite se les rappeler et les méditer à temps perdu, ce qui vaut mieux que de "ne penser à rien", ou pire... Le Décalogue lui-même, ces dix commandements que Moïse transmet au peuple hébreu pendant son Exode à travers le désert, n'est pas autre chose qu'une ligne de conduite qui permet au peuple de régler son comportement et de le réajuster sans cesse.

Si tu n'as pas encore choisi ta devise, je te propose de réfléchir à celle-ci.

Avoir de l'honneur

Il y a quelque chose de grand à poser d'abord comme principe qu'on a un honneur, un honneur d'homme, de personne humaine, de fils de Dieu, et que cet honneur est pour nous la chose la plus précieuse.

L'honneur dont il est question est le reflet de sa vie intérieure. Il a le sens de l'honneur celui qui a le sens de sa dignité humaine !

Celui qui sait qu'il ne peut pas faire n'importe quoi sans déchoir, sans se déjuger, sans se... déshonorer. Celui-là a le sens de ses responsabilités, et il met un point d'honneur à les assumer. Celui-là ne fait pas en cachette ce qu'il n'accepterait pas de faire au grand jour. Il a de l'honneur, celui qui respecte la parole qu'il a donnée. On peut compter sur lui, ce n'est pas une planche pourrie qui va trahir celui qui prend appui sur elle et... le laisser tomber. Etre un homme d'honneur est un idéal élevé, personnel, qui a de fortes répercussions sur la vie en société.

Ce sens de l'honneur n'a rien à voir avec le sentiment de son importance, qui est une caricature de l'honneur. Ce sentiment assez superficiel suscite une attitude qui n'a rien à voir non plus avec le sens de l'honneur : la susceptibilité, qui consiste à se draper dans le manteau de l'indignation chaque fois qu'une réflexion, un mot, un geste, est interprété comme dirigé contre soi ! Il y a bien de la prétention à se croire important, et cette attitude n'honore pas celui qui l'adopte. Comme ordinairement on ne se trompe pas pour les autres, il n'y a qu'à reporter sur soi le regard aiguisé qu'on porte si facilement sur autrui.

Mettre son honneur à mériter confiance manifeste par contre la noblesse d'âme. Car celui qui adopte cette attitude ne le fait pas pour

que ça se voit ! C'est d'abord une attitude intérieure, vis-à-vis de soi-même. C'est dans son cœur qu'on décide de tout faire pour mériter la confiance des autres. Celui qui décide de tout faire pour ne pas décevoir ceux qui lui auront fait confiance montre à quel niveau il vit. Ce ne sont pas les exploits, mais la fidélité à de fortes convictions qui font les grands.

On peut trouver dans la vie quotidienne une multitude d'exemples, sans avoir à rêver tout de suite d'actions éclatantes ! Rapporter un objet que l'on a emprunté ! Soigner ce qui vous a été confié ! Tenir une promesse et respecter la parole donnée ! Etre à l'heure à ses rendez-vous !...

Celui qui met son honneur à mériter la confiance des autres, ne vit pas dans la seule préoccupation de ce que les autres pensent. Ce serait une déviation de la devise. Au contraire, il sait rester indépendant de l'opinion des autres, ne pas se soucier de ce qui se dit dans son dos sur son compte (et qui n'est probablement pas bienveillant, comment pourrait-il en être autrement ? Il faut être réaliste !). Il reste fidèle à la règle de conduite qu'il s'est fixée dans son cœur. Il reste fidèle à lui-même, à ses convictions intimes, à son idéal de vie, à la rectitude de sa pensée, à sa conscience. Il met un point d'honneur à rester indépendant de l'opinion courante, et surtout à ne pas faire de concessions aux pressions qui le pousseront toujours à accepter une foule de petites compromissions, pour "faire comme tout le monde", pour "ne pas se faire avoir", pour "ne pas être plus bête que les autres". Autant de mauvaises raisons qui traînent dans les pires gazettes, mais dont la menace n'est pas illusoire.

Il n'est pas si facile de rester indépendant, et de tenir quand le courant très fort emporte tout. Il n'est pas si simple de décider d'être un homme d'honneur et de le rester quand le monde ne parle que de magouilles, d'arrangements douteux, de dessous de table.

Mériter la confiance ! Il y a là une attitude chevaleresque qui ne peut que séduire ceux qui rêvent d'accomplir de grandes actions, et de changer le monde. Il est bien certain que le meilleur moyen de changer le monde est de changer son cœur.

Comment faire autrement ? Il ne faut pas attendre que les autres commencent, il ne faut pas attendre que les structures changent ou que des lois régissent tout. Il faut commencer soi-même et tout de suite. Un homme d'honneur, même seul, suffit à transformer le visage du monde.

Telle fut l'œuvre du Seigneur Jésus, celle qu'Il nous a enseignée et commandé d'imiter. Son honneur fut de vivre ce qu'Il portait dans le plus profond de son cœur. Il a mis son honneur à mériter confiance. Mais on ne L'a pas cru , Il en a payé le prix. Il a préféré mourir plutôt que de trahir la parole de son Père. Son idéal peut se résumer en ces quelques mots : **"Je dis ce que je fais, je fais ce que je dis !"** Ce que Jésus reproche aux pharisiens, quel que soit par ailleurs le sérieux de leur vie religieuse, c'est d'avoir un double langage : "Ils disent et ne font pas !" Il leur reproche de préférer l'apparence au vrai. Et finalement on ne peut pas leur faire confiance. En ce sens ils n'ont pas d'honneur.

Jésus qui est si bon et si compréhensif pour les plus gros pécheurs, se montre impitoyable pour ceux à qui on ne peut pas faire confiance. Si vous voulez voir avec quelle violence Jésus les traite, lisez le chapitre 23 de l'évangile selon saint Matthieu. Le pharisaïsme, tel que le fustige Jésus, est justement l'attitude de celui qui ne met pas son honneur à mériter confiance.

Même si nous sommes de grands pécheurs, même si nous sommes faibles et lents à faire le bien, même si nous avons le plus grand besoin de la compréhension de nos frères et de leur miséricorde, jamais nous ne sommes dispensés d'être des hommes d'honneur. Ce serait accepter de n'être plus témoins. Si on ne peut plus faire confiance à son témoignage, le témoin est condamné à un silence honteux. Qu'à Dieu ne plaise !

Carnet de Route

Je n'arriverai jamais à me maîtriser !

Quand on est enfant, on s'imagine qu'en grandissant on parviendra à dominer toutes les situations et qu'on aura une parfaite maîtrise de soi. C'est le rêve du "superman" à qui rien ne résiste. Mais à mesure qu'il grandit, le jeune prend conscience qu'il n'en est rien. Au contraire, ce sont bien souvent les situations qui le dominent. Rien n'est plus déroutant pour lui que de s'apercevoir que tant de choses lui échappent.

Non seulement il n'est pas maître des événements, mais il découvre avec encore plus de tristesse qu'il n'est pas non plus maître en lui-même. Les événements suivent leur cours, sans se soucier de lui. Il n'est pas plus facile de les arrêter que d'arrêter, par un simple acte de volonté, un train lancé à grande vitesse.

En lui aussi, il découvre des forces qu'il ne parvient pas à dominer. Des désirs, des pensées, des réflexes, des penchants se manifestent en lui et lui imposent leur loi. Au fond de lui, il n'est pas d'accord. Mais comment résister à de telles forces ? Alors il laisse faire. Mais ça ne lui plaît pas. Il se désole et garde à la bouche un goût amer. Mais pouvait-il vraiment résister ?

Pour l'un, ce sont des bouffées de violence, une violence intérieure inimaginable, qui apparaît dans ses réactions ordinaires. Pour un autre, ce sont des accès d'une jalousie féroce, et il se prend à détester celui ou celle qu'hier encore il admirait. Pour un troisième, ce sont des désirs sensuels qui le bouleversent, et il ne comprend pas comment il peut être aussi faible alors qu'il rêve d'une pureté parfaite. Pour un autre, ce sont des réflexes d'un égoïsme forcené, dont il a honte mais auxquels il n'arrive pas à résister. On pourrait continuer.

La liste est longue de ces forces qui habitent le cœur de l'homme. Si longue que les anciens avaient imaginé de les comparer à des chevaux fougueux qui s'emballent. Ils emportent la diligence et ses voyageurs dans une course mortelle. Qui pourrait les arrêter ? Le héros courageux qui se lance à leur poursuite, se jette à leur tête et les stoppe, n'existe bien

sûr que dans les films d'aventure. Dans la réalité c'est tout autre chose. Des puissances nous habitent et veulent nous dominer. On voit bien la menace qu'elles représentent. Et l'on se demande si l'on parviendra un jour à les maîtriser.

Une pensée vient à l'esprit : "C'est plus fort que moi ! Je n'arriverai jamais à me maîtriser !" Saint Paul avait du tempérament ! Il remarquait déjà : "Vraiment, je ne comprends pas ce qui m'arrive : ce que je veux, je ne le fais pas ; mais ce que je ne veux pas, je le fais !"

Les tentations

Dans la tradition chrétienne, on parle de la Tentation. La Tentation, c'est justement cette force qui est en moi et qui veut me pousser à faire ce que je sais que je ne dois pas faire. Dès le début de la Bible, on voit l'homme et la femme tentés de désobéir à Dieu.

Le serpent s'est introduit dans le jardin on ne sait pas comment, et il attaque ! Il harcèle l'homme, il pousse à désobéir.

C'est aussi dans le premier livre de la Bible qu'on voit Caïn tenté d'éliminer son frère dont il est jaloux. Et Dieu lui dit : "Ne vois-tu pas ce serpent qui est lové dans ton cœur et qui te pousse à faire ce que tu sais être un mal ? Seras-tu assez fort pour lui résister ?" Et chacun se reconnaît dans ces deux situations : "Dans mon cœur aussi, des pensées mauvaises sont tapies !"

Carnet de Route

Jésus lui-même a connu cela. Les Evangiles le décrivent harcelé par les tentations, ces forces qui se jettent contre lui et qui le poussent à renoncer à sa mission divine. Il est intéressant de se remettre en mémoire ces trois tentations de Jésus. Essayons de les lire comme trois forces intérieures qui harcèlent Jésus :

Jésus est tenté de changer les pierres en pain pour satisfaire sa faim. Cette tentation évoque tous les appétits qui sont dans le cœur et dans le corps de l'homme et qu'il est toujours tenté de satisfaire.

Ensuite, il est tenté de se jeter dans le vide. Cette tentation évoque tous ces instincts de mort qui troublent le cœur de tout homme et menacent de l'entraîner vers la pire des solutions.

Enfin, Jésus est tenté de dominer le monde, quitte à y perdre son âme. Cette tentation évoque toute cette soif de pouvoir qui est dans le cœur de l'homme et qui peut le rendre si cruel pour les autres.

Les règles de la résistance à la Tentation

Celui qui découvre ces forces obscures qui veulent s'imposer à lui doit avant tout se redire qu'il n'y a là rien d'exceptionnel. C'est notre lot commun à tous, à plus forte raison celui de ceux qui ont des exigences de vie.

Tous les saints ont été soumis à la tentation. Ils y ont héroïquement résisté.

La maîtrise de soi est le but de toute bonne éducation. Celui qui est "bien élevé" ce n'est pas tant celui qui respecte de l'extérieur des conventions sociales qu'il est obligé d'accepter, que celui qui a appris à se maîtriser. Car cela s'apprend.

Et cette éducation commence par dire qu'il n'y a aucune force à l'intérieur de nous qui soit plus forte que nous.

Ni nos appétits, ni nos passions, ni nos envies, ni nos désirs ne peuvent nous imposer leur loi, si nous ne le voulons pas.

Il faut d'abord être décidé à se défendre contre ces attaques qui sont d'autant plus sournoises qu'elles viennent de l'intérieur.

Pour se défendre, il faut d'abord se connaître. Tout le monde n'est pas exposé aux mêmes embûches.

L'un sera plus coléreux, l'autre plus sensuel, l'autre encore susceptible, ou rancunier. Celui qui se connaît bien sera toujours le plus fort.

Il existe encore une autre règle pour la maîtrise de soi : apprendre à être vigilant.

Celui qui est vigilant voit venir la pulsion, le désir ou l'envie qui va petit à petit essayer de s'imposer. Le vigilant sonne l'alarme dès le début de l'attaque. S'il sent "la moutarde lui monter au nez", il saura faire diversion pour éviter l'attaque frontale, la pire.

Il ne faut jamais se dire : "c'est plus fort que moi, je ne résisterai pas ». Car ce n'est pas vrai. C'est capituler trop tôt. Au contraire, il faut reprendre courage, ne pas céder du terrain. La prière joue un rôle déterminant ; non pas pour demander au Seigneur d'agir miraculeusement en nous sans que nous fassions quoi que ce soit. Ce serait se moquer de Lui, et de nous !

Mais pour se mettre à l'école du vrai pédagogue, surtout lorsque le combat est à la limite de ce que nous pouvons supporter.
Il y a en effet des combats que seule la force de Dieu peut gagner. Jésus ne nous commande-t-il pas de demander au Père de faire en sorte que nous ne nous soumettions pas à la tentation ?

Pour être une grande personne, il ne suffit pas d'être adulte, encore faut-il être maître de soi. Avec la grâce de Dieu, ne doutez pas d'y parvenir.

Carnet de Route

J'ai peur de tout !

La peur est une des attitudes caractéristiques de l'homme. Non pas seulement de l'homme actuel, mais de l'homme de tous les temps. La peur est le premier fruit du péché originel. Dans le premier livre de la Bible on raconte comment l'homme a pris la décision de désobéir à Dieu. Et le récit continue ainsi : "Yahvé Dieu appela l'homme : 'Où es-tu ?' dit-il. 'J'ai entendu ton pas dans le jardin', répondit l'homme : j'ai eu peur parce que je suis nu et je me suis caché !" (Gn 3, 9-10). Cette scène est loin d'être ridicule. Elle contient une très grande révélation sur l'homme, sur Dieu et sur les relations de l'un avec l'autre.

Pour des raisons qui nous échappent, l'homme qui avait été créé pour Dieu, se met à avoir peur de Dieu. Quand Dieu le cherche, il se cache. Il se trouve ridicule, fragile, indécent. Il a peur de son regard. Il a peur de ce qu'il va penser. A vrai dire, il ne sait pas trop de quoi il a peur. Mais il a peur. Et il se cache.

L'homme est comme un moineau qu'un rien effarouche et qui s'envole à tire d'aile sans le moindre motif. A partir du moment où il a peur de Dieu, tout lui fait peur. C'est ce que raconte et révèle la suite du récit de la Genèse. L'homme a peur de l'homme : Caïn d'une certaine manière a peur de son frère Abel. Il en est jaloux. La peur engendre le meurtre. L'homme a peur de la nature : le déluge raconte la peur que la nature fait à l'homme. Elle peut se déchaîner et devenir terrifiante. L'homme a peur des groupes : le récit de Babel raconte comment les hommes se mirent à avoir peur les uns des autres, du fait qu'ils ne se comprenaient pas. Ainsi la Bible décrit l'homme comme un être coupé de ses racines. Il est déstabilisé, voué à une perpétuelle angoisse. Il ne sera en paix qu'en retrouvant sa place.

Cet homme qui a peur, c'est moi. Cette révélation ajoute à mon inquiétude. Si je suis rassuré de savoir que je ne suis pas le seul dans cet état, je n'en ai pas moins peur, et peur de tout ! J'ai peur de ce qui peut arriver, j'ai peur des autres, j'ai peur de moi et de mes réactions, et finalement… j'ai peur de Dieu.

J'ai peur des autres

Ils sont là qui me regardent, qui m'envient ou qui me désirent. Ce sont des concurrents, des ennemis, des jaloux. Et même de mes amis, je ne suis pas très sûr. J'aimerais jouer la confiance avec tout le monde. J'aimerais aborder chacun et continuer avec lui sa conversation intérieure. Mais je ne le fais pas car j'ai peur. Peur d'être rembarré, moqué, ridiculisé. Au fond, comme Adam, je me sens nu devant les autres, sans défense, fragile et ridicule. Et puis, il y a si peu de gens qui s'intéressent à moi. Chacun ne s'intéresse qu'à soi. J'ai peur d'être utilisé.

J'ai peur de ce qui peut m'arriver. Je ne suis pas maître de mon avenir, je vois le malheur partout autour de moi, je pressens la menace de forces puissantes autour de moi. Ce n'est pas pour rien que ceux qui font commerce de prédire l'avenir font tant d'argent !

J'ai peur de moi

Je me connais. Je sais mes limites. Je sais mes idées folles, mes tentations, mes désirs cachés. Je suis comme une outre gonflée. Je n'ai qu'une peur, c'est que ça se voit, que ça se sache, que ça éclate. J'ai peur que tout ce mal que je porte, que je colmate comme je peux, ne se déverse soudain. Quelle honte ce serait !

Carnet de Route

Le discours des spécialistes de la psychologie humaine, loin de me rassurer, ajoute à ma terreur !

J'ai peur de Dieu

Quant à Dieu, j'avoue que je n'ai guère progressé depuis le père Adam. J'en suis au même point.

S'il y a bien quelqu'un vis-à-vis de qui je me sens nu, c'est bien Dieu Lui-même, Lui qui voit tout, Lui qui scrute les reins et les cœurs et à qui rien ne se peut cacher.

Et ce n'est pas le discours lénifiant sur l'infinie miséricorde divine qui me rassure. Au contraire, ça sent trop le discours tout fait, du genre : "T'en fais pas, le juge n'est pas si terrible que ça. Il sait bien que tu es un criminel. Mais comme tu n'es pas le seul, s'Il te condamnait il n'y aurait plus personne au ciel. Alors tu peux être tranquille. Il est trop bon pour être juste !" Que voulez-vous, moi je continue à avoir peur de celui qui peut me condamner pour l'éternité, car je sais qu'il aura de bonnes raisons de le faire.

La réconciliation

C'est parce qu'il sait que l'homme a peur, que Dieu a pris mille précautions pour l'approcher, pour lui parler, pour le rassurer, pour tenter de le réconcilier. Voilà ce que raconte la Bible. Voilà ce que Jésus est venu faire parmi nous. Il est venu nous rassurer.

A de nombreuses reprises, il s'adresse à ses proches en leur disant : "N'ayez pas peur !" ou bien "Soyez sans crainte !"

Ce ne sont pas de ces bonnes paroles qui ne servent à rien. En Jésus, c'est Dieu lui-même qui rassure sa créature qui s'est séparée de lui et qui ne retrouvera la paix qu'en revenant à sa juste place, qui est d'être avec Dieu.

Jésus promet d'envoyer un Esprit de consolation dont l'une des missions est de réconcilier l'homme avec tous ceux dont il a peur. Cet Esprit, il l'a envoyé. C'est un esprit maternel. Ceux qui se laissent caresser par lui sont apaisés. Ceux qui se laissent consoler par lui voient leurs peurs se dissiper. Ainsi les martyrs ont-ils donné l'exemple de cette tranquille sérénité face à la mort, qui étonnera toujours ceux qui ne savent pas.

L'Esprit de Dieu, à condition d'être docile à sa présence, élimine toute peur. Il réconcilie avec les événements : "N'ayez pas peur pour la vie de ce que vous mangerez, ni pour le corps de quoi vous le vêtirez." D'ailleurs, dit-il, qui, en s'en inquié-

tant, pourrait changer le cours des choses ? (Lc 12, 25). Il faut, en toute occasion, faire confiance à la divine Providence.
L'Esprit de Jésus chasse la peur des autres. "N'ayez pas peur de ceux qui tuent le corps, et après cela ne peuvent rien faire" (Lc 12, 4). Considérons l'autre comme un frère, aimé de Dieu, et non pas comme un danger potentiel.
L'Esprit Saint surmonte la peur que j'ai de moi-même, car il me connaît mieux que je ne me connais. Il sait mes combats, ma faiblesse.
"Devant lui nous rassurerons notre cœur, quelque reproche que le cœur nous adresse ; car Dieu est plus grand que notre cœur et il connaît toutes choses" (1 Jn 3, 19). Celui qui croit fermement avec saint Paul, que "si Dieu est pour nous, qui sera contre nous"(Rm 8, 31), celui-là a vaincu la peur.
L'Esprit Saint me réconcilie avec Dieu, sans toutefois minimiser la justice de Dieu. "Craignez Celui qui a le pouvoir de jeter dans la géhenne ! Oui, je vous le dis, Celui-là, craignez-le !" (Lc 12, 5).

Mais Il met tout en œuvre pour nous ramener à la maison du Père où une place nous est spécialement réservée, où nous sommes attendus, où nous sommes aimés.

A quoi peut-on reconnaître un vrai croyant ?

C'est celui qui n'a plus peur. Il s'est laissé entièrement réconcilier avec Dieu (2 Co 5, 19-21). En apparence, les vents contraires peuvent encore déchaîner des tempêtes et le troubler. Mais, au plus profond de l'océan de son cœur, il est en paix.

La peur d'échouer

"Nous autres, lycéens, nous vivons tous les jours la peur d'échouer ! C'est comme une maladie, un virus très répandu dans les couloirs avant un devoir surveillé."

Et pourtant, qui se soucie de ces craintes qui étreignent le lycéen ? Bien sûr, il donne le change : il pousse des cris, multiplie les plaisanteries, bouscule ses camarades, ou pouffe de rire sans raison.

Le rire tente d'anesthésier la peur, de cacher l'angoisse. Ce dont le lycéen a peur avant tout, c'est de l'échec. Qu'il soit en pleine possession de ses moyens ou qu'il se heurte à une difficulté, pour lui, insurmontable, la peur de l'échec est toujours là, tapie dans l'ombre ; ses serres de rapace lui oppressent la gorge, les tempes et le cœur.

Le lycéen a peur de ne pas savoir, d'être mal jugé, de perdre ses moyens. Il a peur du regard ironique du prof (lequel, en fait, pense sans doute à autre chose à ce moment-là...). Ce qui lui fait peur, c'est l'incertitude : saura-t-il maîtriser le sujet proposé, saura-t-il trouver la bonne réponse, sa mémoire lui fera-t-elle défaut ? Et, plus encore, fera-t-il jamais quelque chose de bon dans la vie ?

Car cette peur de l'échec au moment du contrôle n'est que la première manifestation d'une autre peur d'échouer qui s'étend à toute la vie.

Quand on commence à se connaître, qu'on voit bien l'immensité de ses limites et la force de ses faiblesses, on a fortement tendance à penser que rien ne va nous réussir. On le redoute. On anticipe. On "négative". La perspective de l'échec crée une sorte de paralysie. On ne se sent plus capable d'avancer.

Et ce qu'on redoute par dessus tout, bien plus qu'un échec à un contrôle scolaire, c'est d'échouer en amour : essuyer un refus, perdre un amour en lequel on croyait, ne pas trouver l'âme sœur dont on rêve, ou pire encore : la trouver et la voir s'envoler vers d'autres cœurs. On craint ce terrible échec. A l'avance on en tremble. On se demande comment on le supportera.

Il ne faut pas le nier. La peur d'échouer habite le cœur du lycéen. Elle habite aussi le cœur de tout homme. Tout le monde, tout le temps, a peur d'échouer. Cette peur est liée à la peur de la mort, que nous chrétiens, vivons comme un grand et définitif examen de passage, qu'il ne faut pas rater. La peur d'échouer entretient la vigilance, si elle ne paralyse pas.

La peur de l'échec n'est pas fatalement un poison. Elle peut être aussi une école de maîtrise de soi. Elle oblige à regarder la réalité en face, à passer du virtuel au réel.

Il ne faudrait évidemment pas confondre la peur d'échouer, qui est une sorte de désespoir, avec la légitime inquiétude qu'on ressent toujours devant l'inconnu. Autre chose est de maintenir la vigilance en attendant la question qui va tomber de la bouche du professeur, et autre chose d'arriver à l'examen avec la quasi certitude que dans aucun cas on n'y arrivera tant on doute de soi. La pression qui précède l'examen est une bonne chose.

Et la détente qui le suit est meilleure encore !
Le doute de soi est un obstacle qu'il est possible de vaincre, comme il est possible de se débarrasser d'un rhume ou de la fièvre. Car la peur de l'échec est une peur de ce qui risque d'arriver, c'est une anticipation : c'est la peur d'un inconnu qui me terrifie d'autant plus que je ne le connais pas et que je ne suis pas sûr de pouvoir le dominer. Cet inconnu, tant qu'il n'a pas montré son visage, c'est moi qui l'imagine. Il n'existe pas. C'est moi qui me le fabrique. Il est dans mon esprit.

Pourquoi se faire peur avec ce qui n'existe pas ? Tant que je ne suis pas en face de la situation réelle, pourquoi à l'avance imaginer le pire ? N'est-ce pas aussi nocif que de faire des rêves illusoires de bonne fortune ?

Et puis ce qui manque le plus au jeune lycéen, mais pas seulement à lui, c'est **la confiance en soi**. Il s'imagine seul au monde confronté à des monstres gigantesques qu'il n'a aucune chance de vaincre. Et sous prétexte qu'il n'est pas au cinéma et qu'il le sait bien, et qu'il connaît les bonnes raisons qu'il a d'avoir peur d'échouer, il tombe dans un autre cinéma : celui du **doute de soi**. La peur de l'échec vient pour beaucoup de ce qu'on doute de soi.
Pour celui qui veut construire sa personnalité et se préparer aux grands défis de l'existence, il faut commencer par prendre conscience que chacun a en lui-même des ressources qui lui permettent de faire face à l'épreuve, surtout d'une épreuve proportionnée à ce que l'élève peut faire comme c'est normalement le cas au lycée.
En prendre acte est déjà un remède. Mais il faut aller plus loin. Se rappeler, par exemple, **la parabole des talents**. Celui qui n'a reçu qu'un talent a tellement peur d'échouer qu'il ne prend aucun risque. Il enfouit son talent par peur de le perdre en le plaçant. La leçon de la parabole est que cette attitude est mauvaise. Ce qui est condamné, c'est justement cette peur d'échouer.
Voilà le virus dont on parlait au début. Il s'installe sournoisement et plus moyen de le déloger.

Heureusement, nous connaissons quelqu'un de plus fort que ce type de virus. Il dit à chacun la parole de confiance dont il a besoin. Il prend sur lui la peur d'échouer et la transfigure. Il installe la paix dans nos cœurs. Le tout est de penser à Lui et de ne pas hésiter à Le solliciter.

Les adolescents se fatiguent et s'épuisent, les jeunes ne font que chanceler, mais ceux qui espèrent en Yahvé renouvellent leurs forces, ils déploient leurs ailes comme des aigles, ils courent sans s'épuiser. Ils marchent sans se fatiguer (Is 40, 30-31).

Ne pas tricher

Dans le monde d'aujourd'hui, il semble terriblement difficile de résister à la tentation de tricher ; ou, si l'on préfère, que rien ne soit plus ordinaire que de tricher, voire de frauder.

On triche en grand quand on en a les moyens, on triche "petit" quand l'occasion se présente, on triche dans le secret, on triche en amour, en affaires, en politique, en amitié... A en croire les échos des gazettes, tout le monde triche, a triché ou va tricher.

Une nouvelle distinction voit le jour : parmi les tricheurs, il y a ceux qui se font prendre (et tant pis pour eux !) et ceux qui ne se font pas prendre. Ils apparaissent comme les plus malins, et les plus sympathiques. On en fait des films. Puisque tout le monde en fait autant... celui qui ne triche pas apparaît comme une exception, plutôt ridicule !

Il y a des milliers de façons de tricher ! Comment s'étonner que les plus jeunes fassent de la tricherie un exploit quand ils voient autour d'eux tant d'exemples donnés par les plus grands !

Quand on entend dire que des sommes sont détournées par millions, comment les plus jeunes trouveraient-ils répréhensible de s'arranger pour voir deux films avec un seul billet, ou pour subtiliser la monnaie des courses ?

Quand ils apprennent que des personnalités ont une conscience si large qu'on peut y abriter une banque, avec un stade et quelques entreprises lucratives, comment verraient-ils du mal à ne pas respecter les règles du jeu, à l'école, au stade, ou en ville ?

Quand un élu déclare sans vergogne qu'il a menti de bonne foi, comment peut-on persuader une jeune conscience en formation, qu'on ne doit avoir qu'une seule parole, qu'on doit faire ce que l'on dit, et n'avoir aucune raison d'hésiter à dire ce qu'on fait ?

Une affaire de conscience

Qu'en est-il de l'honnêteté et de la loyauté ? "Le scout est loyal..."
On a tout dit : vertu de *boy-scout* !
Faut-il faire son deuil de ces vertus et

les classer comme "obsolètes" ? Faut-il les considérer d'un autre temps, ces vertus qui ne peuvent plus avoir cours dans notre monde "post-moderne" (merci de ne pas sourire !) ? Faut-il les reléguer dans le domaine de la vie privée de quelques braves gens, qui, décidément, ne seront jamais de leur siècle ?
Tricher ou ne pas tricher, telle est la question.

La force et la faiblesse

Ne pas tricher, même lorsqu'on a le sentiment que tout le monde triche, relève d'une grande force d'âme. La force est une de ces vertus qu'on appelle "cardinales", car elles servent d'axes à la conduite de sa vie.
Celui qui manque de cette vertu de force est un faible. Il fait comme tout le monde. Il hurle avec les loups, il adopte le langage majoritaire. Il a des principes, qu'il est prêt à oublier s'ils le gênent, ou le mettent à part. Il a terriblement peur de l'affrontement, plus encore, de se distinguer des autres. Le faible n'est pas satisfait de lui-même ; or, il n'a pas la force de montrer sa singularité. Lorsque le faible est pris dans une société où il est de bon ton de tricher, il triche. Il n'est pas vraiment content de tricher, d'autant qu'il a très peur de se faire prendre... mais, il se dit que ce serait trop bête de "ne pas faire comme tout le monde", et pourvu que ça rapporte... même si c'est très mal à ses yeux.

Nous formons une armée de "faibles", qui acceptons comme irrécusable la loi du grand nombre. On se dit : "ce n'est pas bien de tricher aux examens, ce n'est pas bien de ne pas respecter le code de la route, ce n'est pas bien de 'piquer' par ci par là ! Mais, après tout, je serais trop bête de ne pas le faire... puisque tout le monde le fait !" Et voilà, nous avons été récupérés !

Celui qui possède la vertu de force, (ou qui travaille à la posséder, car on ne la possède jamais tout à fait), ne se laisse pas prendre à ce petit jeu-là. Il a des convictions auxquelles il ne renonce pas facilement. C'est pour cela que la vertu de force est la vertu des martyrs. On a fait pression sur eux pour qu'ils cèdent, on fait jouer des arguments très convaincants comme de pouvoir sauver sa vie, ou sa tranquillité, voire sa famille. Mais le fort ne se laisse pas impressionner. Sa conscience est éclairée par les commandements de Dieu. Il suit sa conscience. Il ne trichera pas avec elle.

Un magnifique exemple de force d'âme est donné par un grand saint anglais, sir Thomas More, chancelier de l'échiquier du roi Henry VIII, qui aura la tête tranchée par le

bourreau parce qu'il n'a pas cédé à la pression royale, parce qu'il n'a pas renoncé à sa foi. Il a voulu rester fidèle à sa conscience, à l'Eglise et au pape. Le risque de perdre sa vie n'était pas fait pour l'impressionner. Il y a des choses avec lesquelles on ne triche pas...

Une ferme résolution

Il est grand temps, me semble-t-il, que les chrétiens remettent à l'honneur cette vertu de force. Ils pourraient très bien commencer par prendre la ferme résolution de ne pas tricher, quel que soit le domaine.

Sans doute ceux qui prendront cette résolution auront-ils l'impression d'être les dindons de la farce. Ils peuvent craindre, à juste titre de se faire gruger ! De se laisser distancer par les malins. Et alors ? Qu'est-ce qui compte dans la vie ? Voler une victoire en trichant, ou pouvoir garder la tête haute ? A vous de voir !

Dans ce domaine la décision d'un seul a une valeur infinie. La décision de deux puis de trois commence à changer le cours des choses. La décision d'un groupe change la vie en société.

Les grandes aventures, les grandes conquêtes, les grandes victoires dont on rêve, ne sont rien à côté de ce grand défi. Il est proposé à chaque conscience, avec plus d'acuité aujourd'hui que jamais : ne pactiser ni dans le secret de sa chambre, ni sur la place publique avec ce que sa conscience réprouve. Ne pas céder aux chantages diffus. Refuser de faire ce qui ne doit pas être fait. La force d'âme n'a pas pour premier but de faire des héros, ni des martyrs, mais simplement des hommes, et des hommes debout.

Sourire

"Je suis arrivé au lycée en milieu d'année. Je ne connaissais personne. Le premier visage que j'ai vu, c'est le tien. Tu souriais. Toutes mes craintes ont fondu. Tu ne disais rien, mais je me suis senti accueilli. Ton sourire m'ouvrait ton cœur et j'avais le sentiment que tout le lycée m'ouvrait ses portes. Bien du temps a passé. Je garde au cœur ce sourire. Il est un message que je veux transmettre."

Le premier signe que je reçois de l'autre, c'est son visage. La première impression est souvent la bonne. Elle ne correspond pas toujours à la réalité ; elle n'en laisse pas moins des traces durables.

Me suis-je demandé quel visage j'offre le matin quand j'arrive au lycée, au bureau, à la messe ? Est-ce le visage souriant de celui qui est heureux de retrouver les autres, le visage sinistre de celui qui tient à ce qu'on lui demande s'il a des soucis, le visage maussade de celui qui en veut à toute l'humanité, ou encore le visage morne de celui qui ne sourit jamais… par principe !

Certains tempéraments, enviables, sont spontanément souriants. D'autres doivent faire un effort soutenu pour sourire.

Mais, dans tous les cas, sourire est un acte. C'est le premier message que j'adresse à celui qui me regarde. Il faudrait enseigner l'art du sourire, comme on enseigne la lecture.

Un visage qui sourit franchement est comme un paysage illuminé par le soleil. Le sourire est un baume pour le cœur inquiet. Reflet de l'âme, il invite à faire la paix avec soi.

Et si le sourire était la marque de Dieu à l'image duquel l'homme a été créé ?

Dans nos grandes villes, rencontrer un visage souriant est comme un cadeau du ciel.
Au milieu des bousculades, dans les embouteillages, au milieu des agressions visuelles et sonores, croiser un visage souriant, le visage de quelqu'un qu'on ne connaît pas, qui ne s'adresse pas à nous, mais qui sourit, réconcilie avec l'humanité.

Carnet de Route

Voilà un cadeau à faire à ceux que nous croisons ; un petit rien qui peut changer la vie.

Comme l'écrit un lycéen de Pau dont l'aumônerie a fait une campagne sourire : "Le sourire parle beaucoup, et comme nous disions l'autre jour entre jeunes de mon groupe : 'le sourire n'est pas encore assujetti à la TVA.' Dieu merci !"

C'est vrai, mais il ne faut pas le dire trop fort. Ça pourrait donner des idées...

Vous imaginez une nation dans laquelle le sourire serait obligatoire, une nation dans laquelle, dès la maternelle, on habituerait les enfants à se sourire et non pas à s'agresser mutuellement ? N'apparaîtrait-elle pas comme une nation dangereuse ! Cela pourrait développer une telle solidarité entre ses membres, une telle volonté de voir advenir le bien commun, qu'on pourrait y reconnaître une concurrence déloyale, échappant à la loi de la jungle et menaçant les relations internationales, basées sur la méfiance et la concurrence.

Le sourire est comme une invitation à l'échange. Peut-être est-ce de cela qu'on a peur ? Sourire dans le métro comporte un risque : imagine tout à coup ton vis-à-vis, prenant ton sourire pour une invite, qui se mettrait à te raconter ses malheurs ? Y es-tu disposé ? Non ? Alors, garde-toi bien de sourire. C'est dangereux !

Il y a sourire et sourire

Comme tout ce qui est humain, profondément humain, le sourire est à double tranchant.

Le sourire peut être pervers, et perverti. Il peut être une façade trompeuse. On sourit pour tromper sur ses intentions. Ce qui montre bien, a contrario, la force du sourire : on peut l'utiliser pour obtenir ce qu'on n'obtiendrait pas par la force ! Un homme qui sourit pour tromper un enfant fait horreur. On n'hésitera pas à parler alors du sourire du diable, celui qu'on appelle le Malin parce qu'il est habile à tromper en douceur.

Le sourire peut être moqueur, incisif, cruel. C'est un détournement indû.

Le sourire peut être naïf. C'est le sourire de l'innocent, celui qui ne fait pas de mal. Son sourire est une ouverture. Il accueille sans méfiance.

Ainsi, le bébé sourit à sa maman et à ceux qui se penchent vers lui, premier signe d'ouverture d'une âme qui n'a pas encore conscience de soi. Ce sourire fait fondre les cœurs les plus durs. Celui qui ne fond pas devant le sourire d'un petit enfant est blessé. Peut-être ce sourire le guérira-t-il ?

C'est le sourire du trisomique qui n'a pas conscience du mal et qui pense que vous lui voulez du bien. S'il vous gêne, ce n'est pas de sa faute.

Le sourire, (comme le témoignage quand il est franc et vrai), est une arme pour désarmer les méchants. Nous en faisons tous l'expérience : sourire quand on est au volant, sourire à qui demande un renseignement, sourire à qui vous injurie…

On dit qu'au ciel les anges sourient sans cesse, heureux d'être en continuelle relation avec leur Seigneur.

Voilà pourquoi, sourire, c'est vivre le ciel sur la terre ; mission éminente à la portée du premier chrétien venu. Comme annoncer l'Evangile dont le but est de changer la face du monde.

Carnet de Route

Faire la fête !

Dans la perspective chrétienne, faire la fête est le but de la vie. Il semble que nous avons tendance à l'oublier... Cela rejoint pourtant le désir profond du cœur de l'homme. Attention cependant à ne pas confondre la fête selon le projet de Dieu avec certaines caricatures de fêtes.

Une vie sans fête, succession monotone de jours identiques, serait une malédiction. Imagine-t-on une vie où le travail serait tellement mis à l'honneur qu'il deviendrait le but de l'existence ? Pourquoi travailler, si ce n'est pour profiter joyeusement du fruit de son travail ? Le Bon Dieu Lui-même, lorsqu'Il créa le monde, ne se reposa-t-Il pas le septième jour ? Plus qu'une façon de parler, c'est un message. Travailler à la sueur de son front est présenté dans la Bible comme une fâcheuse conséquence du péché originel. S'arrêter de travailler pour se réjouir est une bénédiction qui fait ressembler à Dieu ! La vie éternelle est décrite dans l'Apocalypse comme un grand jour de fête, jour de chant et jour de danse, jour de repos et jour de communion, jour de profusion et jour de splendeur. Le bonheur du ciel est une grande fête qui durera un instant éternel !

Notre société a mal à la fête

Très au point pour travailler et faire travailler, notre société sait réaliser des profits, organiser, rentabiliser... Mais, quand il s'agit de susciter une fête, qui rende vraiment heureux, elle bafouille. Faute de fête, elle monte du spectacle. Les fêtes foraines, en multipliant les jeux de hasard et les jeux-vidéo d'une rare violence, ne sont plus que des substituts de fêtes. La télévision n'invite pas vraiment à la fête non plus, puisqu'elle laisse toujours à la porte le spectateur. Qu'en est-il des fêtes de familles ? Heureux ceux qui connaissent encore la joie d'une vraie fête de famille !

Quant aux fêtes qu'organisent entre eux les plus jeunes, ils savent si peu comment faire qu'il est devenu courant, m'a-t-on dit, de commencer par boire suffisamment d'alcool pour perdre la maîtrise de soi et se

trouver dans un état second. Illusion maximum.
Dans ce domaine, il est urgent de tirer la sonnette d'alarme. Perdre le sens de la fête atteint à l'âme d'un groupe. La société que nous voyons se construire risque bien de prendre les allures terrifiantes que prévoyaient les romans et les films de science-fiction ; une technique envahissante qui entraîne une robotisation des hommes, une administration à qui on demande de tout prendre en charge, un monde d'objets toujours plus attrayants qui hypnotisent ceux qui les regardent mais les isolent les uns des autres : devant une console de jeux, sous un casque de baladeur ou devant un écran sans jamais regarder les voisins, toujours seuls !

Carnet de Route

Est-il possible de réinventer la fête ?

Difficile ! En tout cas il est exclu de rêver d'un quelconque retour à un passé imaginé idyllique. A peine peut-on tenter de rappeler quelques composantes indispensables.

1 On pourrait dire de la fête ce que le Seigneur dit du sabbat (jour de fête par excellence) : **la fête est pour l'homme** et non l'homme pour la fête ! On ne peut pas plus faire la fête que se cultiver... par procuration. La pseudoculture des jeux télévisés, comme de ces encyclopédies qui prétendent vous faire tout savoir sur tout, sans effort, et en un rien de temps, est une vaste supercherie. De même, ces fêtes qui ne demandent aucune participation personnelle (sinon financière) ne sont que des substituts de fêtes. Ce sont des fêtes au goût amer comme ces soirées où l'on est livré à un "animateur" mercenaire qui vous assène des décibels et des banalités pour compenser l'incapacité des participants à tirer d'eux-mêmes les ingrédients de la fête.

2 La fête commence toujours **dans le cœur de l'homme**. Avant de s'épanouir en une manifestation extérieure, la fête est le fruit d'un rêve. Les petits enfants le savent bien qui fêtent Noël, dans leurs rêves, des semaines à l'avance. "Là où est ton trésor, là est ton cœur", dit le Seigneur. Selon ce dont vous rêvez, selon ce qui compte pour vous au profond de votre cœur, vous vous préparerez à telle joie ou à telle autre. Rêvez-vous de quantité ou rêvez-vous d'amitié ? De toutes les fêtes, celle que vous préférez est-elle celle où vous recevrez par la poste une multitude de cadeaux à déguster seul ou celle qui réunira de vrais amis même s'ils n'ont rien à vous offrir que leur amitié ? La fête n'est pas dans la quantité mais dans le cœur.

3 **La tenue et la retenue**. Bien qu'il soit courant de lire qu'elle est marquée par l'excès, la fête ne va pas sans une certaine retenue dans l'excès lui-même. Du fait même de l'abondance dans laquelle nous vivons encore ce n'est plus d'excès exceptionnel qu'il s'agit mais d'abus... abusif. De tous les abus, le plus nocif est celui de l'alcool. Source d'illusion, il empêche d'être soi-même. Dans les contes orientaux, les pires démons sont prisonniers dans des bouteilles. Tant qu'ils sont enfermés, ils font de mirifiques promesses. Ils se montrent sous un jour attrayant. Mais une fois libérés, nul ne les maîtrise plus. Ils deviennent maîtres de la situation. Ils entraînent leurs anciens maîtres là où ils ne voudraient pas aller.

4 La fête selon le Seigneur consiste **à rendre les autres heureux**. Or ce dont nous avons tous le plus besoin, c'est d'être aimés et estimés pour nous-mêmes. Il faut donc se soucier de faire à chacun sa place. Le Seigneur nous promet qu'il est allé auprès de son Père nous réserver une place (Jn 14, 3).
Il nous décrit le bonheur du ciel, comme un lieu de fête, un repas de noces où chacun aura sa place et sera honoré pour lui-même. Nous réussirions mieux nos fêtes, si nous étions moins égoïstes et davantage animés par un vrai souci les uns pour les autres.

5 Enfin, plus urgent que tout, il faut retrouver **le sens du rite**. Il n'y a pas de fête réussie sans un certain rituel. Sous prétexte de simplicité et de sincérité on s'est plu à ridiculiser tous les rites de fêtes, les costumes et les coutumes, les musiques et les folklores, les goûts et les gestes ancestraux. Qu'y a-t-on gagné, si ce n'est la victoire d'autres rituels factices et vides de sens ? Que dire de ces lunchs ou cocktails standards, où triomphent l'ennui et les propos creux et mondains. On s'y ennuie. On tue le temps. On cherche une honorable sortie.

Pas de fête sans rituel, comme le montre la liturgie de l'Eglise quand elle est vécue intégralement et solennellement. C'est une harmonie de gestes connus et de mouvements précis, une progression et des points de repère, des senteurs et des silences, des musiques spécifiques et des ornements selon les temps, tout un ensemble d'éléments qui permet de s'y retrouver. La liturgie, comme toute fête, est un langage : sur un donné auquel nul ne peut toucher sous peine de le tuer, une infinie variété de combinaisons est possible. Le même vocabulaire fait la grande ou la mauvaise littérature, la belle ou la sordide liturgie, la fête heureuse ou celle qui tourne court.

Mais il n'est pas si simple de réinventer des rituels. Il m'est avis que chaque famille a le devoir de créer le sien, pour ses enfants. De là chaque communauté qui est une communion de familles spirituelles trouvera ses propres rites. Et de là, par cercles concentriques, peut-être l'esprit de la fête sourdra-t-il comme source au printemps... Jusqu'au jour où nous nous retrouverons tous pour la grande fête à laquelle nous sommes conviés et dont le Seigneur Jésus sera l'ordonnateur.

Comment les autres me voient-ils ?

Tout le monde me regarde ! Qui n'a ressenti ce sentiment pénible d'être paralysé sous la convergence de regards indéchiffrables ? Les plus jeunes sont particulièrement sensibles à ce regard des autres. Que pense-t-on de moi ? Suis-je bien comme il faut ? Ne suis-je pas trop ridicule ? Que ces plus jeunes ne s'imaginent pas être les seuls à avoir ces préoccupations. Bien des adultes les partagent avec eux !

En effet, rien n'est plus important que le regard des autres. On n'existe vraiment que si l'on est regardé par quelqu'un. Si personne jamais ne nous regarde, si on passe inaperçu dans un groupe, on se sent vraiment seul.

Or justement, on a parfois le sentiment que "les autres", ne nous regardent pas, ne nous voient pas davantage. Ils regardent par-dessus notre épaule. Ils ont toujours quelqu'un d'autre à regarder, sans doute plus intéressant ! Cela donne l'impression d'être transparent . Ce sont toujours "les autres" qui valent la peine d'être considérés, qui sont jolis ou qui savent parler, ou qui aiment plaisanter. C'est le regard des autres qui fait exister.

Il y a aussi des regards qui assassinent. Des regards qui vous donnent l'impression d'être transpercé. Des regards qui jugent sans appel. Il y a aussi des regards qui humilient, qui abaissent. Ils sont tellement chargés de mépris qu'ils semblent vous diluer dans le paysage !

Heureusement, il y a aussi des regards qui mettent en confiance, des regards encourageants, réconfortants. Il y a des regards qui rendent le courage perdu, qui permettent d'aller de l'avant. Des regards qui nous grandissent à nos propres yeux. Des regards d'homme à homme, sans méfiance, sans marchandage, sans arrière pensée, des regards qui illuminent.

Il y a donc tant de façons d'être regardé, qu'il est inévitable de se demander comment nous sommes vus. Ne pas se le demander du tout serait de la négligence, mais se le demander trop, en faire une préoccupation majeure, est manifestement nocif. On passe alors beaucoup de temps avec un confident qu'on interroge inlassablement : son miroir. On l'interroge du regard ! On lui demande de nous renvoyer notre image et on essaye de se mettre à la place des autres, et de voir comment ils nous voient. Suis-je assez belle, suis-je le plus beau ? Ici on se désole parce que le cheveu ne pousse pas comme on voudrait, là on gémit parce que le teint ne convient pas, ailleurs on médite de se faire refaire le nez ou les oreilles. Et pourquoi tout cela ? Parce qu'on a peur du regard des autres.

Mais si l'on a tant peur du regard des autres, n'est-ce pas que soi-même on porte sur les autres le regard qui ne convient pas ? Car il n'y a pas que la façon dont les autres me regardent, il y a la façon dont je regarde les autres. Avons-nous pensé à purifier notre regard sur les autres ? N'ai-je pas moi aussi une panoplie de regards dans laquelle je puise : le regard timide pour celui dont j'ai un peu peur, le regard arrogant pour celui dont je n'ai rien à craindre, le regard méprisant pour celui que je juge sévèrement, le regard brillant pour celui dont je désire l'affection, le regard absent pour celui qui m'est indifférent, le regard moqueur pour celui qui me paraît ridicule, le regard complice pour celui qui m'intéresse, le regard équivoque pour les sous-entendus, le regard indiscret que je ne maîtrise pas, le regard méchant pour me défendre ou le regard sournois qui est le reflet d'une mauvaise pensée...

Avons-nous pensé que si nous sommes sensibles au regard des autres, les autres aussi sont sensibles au nôtre ?

Quand on est jeune, il faut apprendre à la fois à regarder les autres, et à réagir au regard des autres. Car le regard s'éduque comme la mémoire ou le sens civique.

Purifier son regard

Il faut d'abord apprendre à purifier son regard. Comme on vient de le dire, on ne regarde pas les autres innocemment. Tout regard porte un message. Le regard neutre n'existe pas, ou alors il s'agit du regard professionnel, comme celui du chirurgien qui décide d'une intervention en ne tenant compte que du bien du patient.

Regarder en profondeur

Purifier son regard, c'est apprendre à dépasser les apparences pour rejoindre la réalité cachée de celui qui est en face. Vous vous souvenez dans la Bible de cet épisode merveilleux où le prophète Samuel est envoyé chez Jessé pour consacrer le futur roi. Quand il voit tour à tour chacun des fils de Jessé qui sont tous plus grands et plus beaux les uns que les autres, il

pense chaque fois que c'est lui le futur roi, mais l'Esprit de Dieu lui dit : "Ne regarde pas son aspect extérieur ni son apparence. Les vues de Dieu ne sont pas comme celles des hommes. L'homme regarde l'apparence, Dieu regarde le cœur !" (1 Sam 16, 7).

Et Jésus lui-même a cette phrase sans équivoque :"Tout homme qui regarde une femme en la désirant a déjà, dans son cœur commis l'adultère avec elle !" (Mt 5, 28).

Jésus ne dit pas qu'il faut fermer les yeux sur les merveilles de la création, mais il commande de purifier son regard. Il y a une façon de regarder l'autre avec le regard de l'ogre qui ne pense qu'à dévorer. Et puis cet autre regard dont parle l'évangile : "Jésus fixa sur lui son regard et l'aima" (Mc 10, 21).

Il faut apprendre à regarder l'autre, comme on aimerait être regardé. Jésus dit encore :"La lampe du corps, c'est l'œil ! Si donc ton œil est sain, ton corps tout entier sera dans la lumière ; mais si ton œil est malade, ton corps tout entier sera dans les ténèbres" (Mt 6, 22-23).

Purifier son œil pour le rendre lumineux, c'est se débarrasser de toute peur inutile. C'est chasser autant d'équivoque que possible, pour porter sur les autres ce regard amical, confiant, désintéressé dont on peut être sûr qu'ils ont besoin.

Tenir sous le regard des autres

La deuxième attitude à adopter, c'est d'apprendre à bien se comporter sous le regard des autres. Par exemple ne pas "interpréter" le regard de l'autre, car très souvent on se trompe.

Sans viser à la totale indifférence qui serait un manque de prudence, voire un manque de sensibilité, il faut s'entraîner à être libre sous le regard des autres, en tout cas à n'être pas totalement tributaire de la façon dont les autres nous regardent.

Il y a une maîtrise de soi en ce domaine qui évite bien des peines et des déconvenues ! Trop souvent on se gâche la vie parce qu'on s'est imaginé ce que l'autre pensait de nous sur le simple témoignage d'un regard en biais !

Il est possible d'apprendre à avoir une attitude juste sous le regard des autres. C'est une question de vie intérieure. Avant tout il faut vaincre la peur. C'est la peur qui paralyse, c'est elle qui hypnotise comme sous le regard du cobra. La peur dispose à être dévoré et anéanti. C'est de cette peur que le Seigneur Jésus vient nous libérer.

BRUNOR

Car cette peur est fruit du péché. L'humanité primitive, celle que Dieu a voulue, vivait en harmonie avec lui. Elle est décrite dans la Bible sous l'image d'un couple heureux qui vit sous le regard de Dieu. Adam et Eve puisaient dans ce regard leur vie et leur bonheur.

Le péché va changer cet ordre des choses. Et justement la Bible le décrit sur le thème du regard.

La tentation diabolique d'abord est une affaire de regard. Adam et Eve ne "voient" plus les choses comme Dieu les voit. Le Tentateur les invite à porter sur la création un autre regard :"Dieu sait que le jour où vous en mangerez, vos yeux s'ouvriront, et vous serez comme des dieux, qui connaissent le bien et le mal !" Et de fait, à la réflexion, c'est bien ce que dit Eve. Elle se demande si elle voit bien les choses comme il faut. Et Dieu la laisse libre de changer son regard sur les choses, sur elle et même sur lui. "La femme vit que l'arbre était bon à manger et séduisant à voir."

Il y a plusieurs regards possibles sur les choses. Le regard de Dieu n'est pas le regard du Tentateur. Dieu ne regarde pas aux apparences, mais à la valeur des choses et des personnes. L'homme et la femme se sont laissés séduire. Ils ont préféré le regard du Tentateur à celui de Dieu. Aussi vont-ils subir les conséquences de leur décision. La Bible dit judicieusement : "Alors leurs yeux à tous deux s'ouvrirent et ils surent qu'ils étaient nus !" (Gn 3, 7). Autrement dit, ils voulaient voir et ils sont vus. Ils voulaient jeter sur la création un regard indiscret, pour le posséder, et voilà qu'ils sont dévoilés !

Et ce n'est pas seulement leur peau qui est vue, toute leur peau, ce qui est insupportable à l'homme qui sait que sa peau ne le protège pas. Ce qui est vu c'est leur cœur. Ils pressentent que désormais ils sont vulnérables au regard des autres. Le péché a détruit cette harmonie pour laquelle ils avaient été créés. Leur regard est troublé, gauchi, dévié.

Si les hommes ont du mal à supporter le regard des autres, s'ils ont peur d'être mal vus, c'est à cause du péché. L'homme a été créé pour supporter le regard de Dieu et le regard de l'autre. Mais le péché a détruit ce don. Le miroir a été brisé. Adam et Eve prêtent à Dieu des intentions : "J'ai eu peur et je me suis caché !" dit Adam. De même Caïn aura peur d'Abel son frère, et il jette sur lui un regard assassin, il lui prête des intentions qu'il n'a pas et il le tue.

Il faut donc se rappeler que si nous sommes tellement sensibles au regard des autres, ce n'est pas une affaire de jeunesse, ni de tempérament, ni de sensibilité. C'est une affaire de péché. C'est le péché qui empêche de voir les autres paisiblement.

C'est le péché qui empêche de voir Dieu tel qu'il est. C'est le péché qui nous paralyse sous le regard des autres. C'est le péché qui brouille notre regard sur les autres. Si nous les voyions tels qu'ils sont nous verrions le meilleur d'eux-mêmes. Nous porterions sur eux un regard de miséricorde et de compassion, comme Jésus sur la femme adultère : il condamne le péché, mais il aime le pécheur.

Jésus en guérissant l'aveugle de naissance l'invite à aller laver ses yeux à la fontaine dite de "l'envoyé". Il veut que par ce geste, l'homme collabore à sa propre guérison. La grâce de Dieu lave notre regard, comme elle lave notre cœur.

Le sacrement de pénitence en particulier a pour effet de purifier notre regard. C'est par la grâce de Dieu que je peux rester moi-même sous le regard des autres, que j'apprends à ne plus avoir peur, à regarder les autres et à les aimer.

Miroir, mon beau miroir !

Vous vous souvenez sûrement de cette très belle et très méchante reine de l'histoire de Blanche-Neige ? Chaque jour elle interrogeait son miroir. Elle lui demandait de lui dire qu'elle était la plus belle. Et le miroir qui ne savait pas mentir lui avoua un jour, qu'il y avait plus belle qu'elle ! La reine en fut si attristée qu'elle décida de supprimer l'audacieuse.

N'imaginez pas que seule la reine de ce conte interroge son miroir. Qui peut se vanter de ne pas avoir besoin d'un miroir qui lui renvoie une image qui lui plaise ?

On interroge son miroir, on se regarde dans la glace, on s'observe soi-même de mille façons. Pourquoi ? Pour voir si tout va bien. Pour voir si la réalité correspond à l'image qu'on se fait de soi. On a tellement peur de ne pas correspondre à l'image qu'on voudrait donner. On a tellement besoin que quelqu'un, son miroir par exemple, vous dise : "Tu es très belle ! Tu es bien fait ! Ton image est sans défaut !" On a tellement peur de laisser passer ce petit détail qui va vous griller aux yeux des autres, qui va susciter les sourires, les chuchotements dans votre dos, les ricanements quand on n'est plus là ! Au fond tout ce qu'on fait pour les autres, et qu'on a très peur qu'on fasse pour nous aussi.

Dans le secret, on interroge son miroir

On l'interroge aussi parce qu'on aime se regarder. On trouve un malin plaisir à se contempler soi-même.

Comme on n'est pas très sûr que les autres nous apprécient à notre juste valeur, on peut du moins se dire à soi-même ce qu'on aimerait entendre de la bouche des autres. Alors il peut arriver qu'on parle à son reflet. On surveille son image. On s'interroge. Selon les cas, on se rassure ou on se désole. On se trouve avenant ou on se déteste. Que ne ferait-on pas pour améliorer la nature ? Et le dialogue commence avec le miroir : "Faut-il ajouter de la couleur, modifier une coupe de cheveux, mettre un bijou, piquer un anneau dans son oreille, gommer un horrible point noir ?"

Carnet de Route

Notre miroir nous donne beaucoup de soucis. Et le pire des miroirs, c'est encore le regard des autres. Inévitablement il nous renvoie une image. Et nous ne cessons de l'interroger avec appréhension.

Que vont penser les autres ? Voilà la grande question inavouable, mais toujours présente.

Celui qui veut progresser dans la vie spirituelle doit se détacher de son miroir. Il ne doit plus se préoccuper de son image, surtout lorsque cette image ne concerne que l'aspect le plus superficiel de sa personnalité.

La Bible nous apprend que nous sommes un reflet de Dieu lui-même. Nous avons été créés à l'image de Dieu. Nous gardons la nostalgie de cette image.

Celui qui scrute son miroir ne cherche-t-il pas à retrouver Celui à l'image de qui il a été créé ? Il cherche mais il ne trouve pas. Il aimerait une image belle, parfaite, sans tache ni ride. Il ne trouve que lui-même, avec ses limites et ses imperfections qu'il n'aime pas.

Cela rappelle une des plus belles phrases de saint Paul : « Nous tous, qui le visage découvert, réfléchissons comme en un miroir la gloire du Seigneur, nous sommes transformés en cette image , allant de gloire en gloire, comme de par le Seigneur, qui est Esprit » (1 Co 3, 18). Sur le visage de chaque personne on peut déceler la marque de la gloire de Dieu. C'est une marque bien effacée, bien estompée, mais réelle.

C'est le péché qui défigure. Il marque le visage. Un poète maudit et qui savait de quoi il parlait a décrit cette défiguration. Oscar Wilde dans son roman *Le portrait de Dorian Gray* décrit la déchéance d'un homme. Cet homme d'une grande beauté a fait un pacte avec le diable : il gardera toujours le visage de sa jeunesse. Son visage ne portera jamais le reflet de ses mauvaises actions. Ce ne sera pas lui qui vieillira, mais un portrait de lui, réalisé dans la splendeur de sa jeunesse. Ainsi, malgré une vie de péché, il semble sauver les apparences. A la fin la vérité s'impose. A sa mort, il retrouve son visage défiguré par une vie désordonnée. Cette histoire raconte en négatif ce que doit être la vie d'un saint selon le Seigneur.

Le saint est celui qui accepte de se voir tel qu'il est. Il se désole, non des apparences physiques, mais des marques du péché. En se regardant dans la glace, il se voit tel qu'il est. Et ça ne lui plaît pas. De même quand il fait son examen de conscience, qu'il se regarde en vérité, qu'il considère ce qu'il a fait ou ce qui a occupé son esprit, la honte le saisit. Mais loin de se désoler, il sait qu'il doit tout faire pour modifier ce reflet. Ce que les coquettes font pour se rafistoler, le saint le fait pour gommer les rides du péché, les taches du mal, les empreintes de ses mauvaises actions !

Le saint est celui qui, en se regardant dans la glace, voit petit à petit le visage du Seigneur Jésus remplacer le sien. Ils se ressemblent, car ce n'est plus lui qui vit mais le Christ qui vit en lui. Idéal que peu atteignent. Mais un but assigné à chacun.

Il ne s'agit plus alors d'apparences, mais de ressemblance. Celui qui aime Dieu comme Jésus l'a aimé, celui qui ne vit plus pour lui-même mais entièrement pour les autres comme le fit Mère Térésa, celui qui ne pense plus ni à lui, ni à ce qu'on pense de lui, mais qui accepte les événements comme signes venant du Seigneur, celui qui participe aux souffrances du Christ et à son visage défiguré, celui-là pourra discerner sous ses traits, les traits du Seigneur.

Son miroir lui renverra un peu de la gloire de Dieu. Et, quand il mourra, l'homme défiguré par le péché cédera la place à l'homme transfiguré par la grâce de Dieu.

Miroir, mon beau miroir, dis-moi si, enfin, je ressemble au Seigneur !...

Ah ! Les autres !

Les vacances... quel privilège merveilleux ! Il ne faut pas l'oublier. Et ce serait l'oublier que de considérer les vacances comme un dû, une sorte de "temps de poche", comme on parle "d'argent de poche".

L'argent de poche, c'est bien connu, est un argent dont on n'a pas spécialement besoin, que l'on peut donc dépenser comme on veut. Un luxe, quoi !

Les vacances risqueraient de devenir, si on n'y prenait pas garde, du temps à gaspiller, du temps pas vraiment indispensable, du temps à perdre, du temps à tuer.

Ce serait là une attitude de mauvais riche, fort méprisante pour ceux qui n'ont pas la chance d'avoir devant eux ce temps gratuit, ce temps qui "ne compte pas". Aussi faut-il, à tout prix, trouver le moyen de ne pas perdre ce temps. Une question qui pourrait venir à l'esprit : "que puis-je faire que je n'ai pas le temps de faire pendant l'année ?"

Dans cette perspective, voici une suggestion : ne pourrait-on pas mettre à profit le temps des vacances pour faire le point sur sa relation avec les autres ? Qu'en est-il de ma façon de considérer les autres ?

C'est qu'il y a bien des façons de considérer les autres, de se comporter vis-à-vis d'eux et bien des façons de réagir à leur présence. Il y a deux manières de procéder : ou bien j'essaye de voir comment je considère les autres, ou bien j'essaye de voir les différentes façons dont les autres me considèrent ! Dans les deux cas la question se pose. Essayons !

Bien que le Seigneur nous invite à nous aimer les uns les autres et que nous ayons médité des dizaines de fois la parabole du bon Samaritain, je dois avouer que les autres m'inspirent des sentiments mitigés. J'aimerais être parfaitement accueillant, d'une parfaite égalité d'humeur vis-à-vis de tous, et ne juger personne.

Mais c'est le contraire qui se passe. Il y a ceux qui me sont spontanément sympathiques et ceux qui a priori me déplaisent ! Il y a ceux dont je recherche volontiers l'amitié et ceux qui me laissent parfaitement indifférents. Il y a ceux que je juge favorablement et à qui je décerne le label de "gens biens", et ceux qui sont grillés à mes yeux quoi qu'ils fassent. Je suis très compliqué.

Ce n'est pas que j'ai envie de l'être. Mais c'est comme ça !

Les gens utiles

Par exemple autour de moi, si j'essaye d'être honnête, il y a des gens qui me sont utiles. Ceux-là il faut que les soigne. Je vais tout faire pour être bien avec eux. Tout est bon, sourire, services, signaux divers. On ne sait

jamais. Et puis il y a des gens qui m'énervent. Je les trouve superficiels, sans intérêt, grossiers. On se demande comment il peut exister des gens comme ça ! Ceux-là, inutile de dire que je les évite et que je les fuis. Ils ne sont pas de ceux que je fréquente. Et si, par bonheur, je trouve quelqu'un qui soit d'accord avec moi sur ce sujet, je me ferai un malin plaisir de lui en parler.

Les gens gênants

Et puis il y a ceux que j'envie. C'est plus fort que moi, je les déteste. Ils ont des qualités que je n'ai pas. Ils ont des relations que je voudrais avoir sans y parvenir. Ils ont sur moi une foule d'avantages, y compris matériels, que je désire accaparer. L'envie me ronge.

J'ai beau faire, je ne puis m'empêcher de penser à eux et de me comparer à eux. J'enrage à en devenir violent. Ou alors je me dénigre à mes propres yeux...

Le refus des autres

Il fut un temps où on enseignait aux enfants la vertu de l'hospitalité. Laisser sa porte ouverte pour que celui qui est perdu puisse se mettre à l'abri, réserver la part du pauvre pour l'accueillir à sa table s'il vient à frapper à la porte...

Aujourd'hui, on inculque aux enfants la méfiance. Rien ne serait plus dangereux que de faire confiance à quelqu'un qu'on ne connaît pas, et pire encore de l'accueillir. Et quant à laisser la porte de sa voiture ouverte avec le sac sur la banquette...

De fil en aiguille, on en vient à se méfier de tout le monde. Et parce qu'on n'a plus confiance en personne, on estimera vertueux de faire le vide autour de soi.

Mais, contrairement à ce qu'on pense, faire le vide ce n'est pas faire la paix. C'est entretenir un état de "guerre froide", de guerre latente toujours prête à éclater. Refuser autrui, comme l'utiliser, n'est vraiment pas une attitude selon l'Evangile.

L'accueil d'autrui

La bonne attitude dans sa relation à l'autre est d'être ouvert à sa présence. Il est vrai que tout nouveau venu qui entre dans mon cercle est à la fois une menace et une promesse. Si je n'y prend pas garde, je vais commencer par me méfier, voire refuser l'autre. Je réagis comme le chien dont le poil se hérisse à l'approche d'un congénère inconnu. Ces réflexes aussi demandent à être évangélisés.

Ce n'est pas facile. Mais c'est tellement libérateur. Toute rencontre est une confrontation à un nouveau mystère qui me réserve certainement des surprises. "N'oubliez pas l'hospitalité, car c'est grâce à elle que quelques-uns, à leur insu, hébergèrent des anges" (He 13, 2).

La nouvelle évangélisation, cette annonce renouvelée du message du Christ à nos contemporains, ne commencerait-elle pas par une vaste campagne de réconciliation ? Considérer l'autre comme un frère, c'est-à-dire comme quelqu'un qui est de même chair et de même esprit que soi, qu'il est de même origine divine et qu'il a part au même héritage, n'est-ce pas déjà annoncer la vie éternelle ?

Dans le royaume chacun ouvrira aux autres le trésor de son cœur, et il sera connu pour ce qu'il est vraiment : bien meilleur que ses apparences. Ce sera le bonheur.

Ce bonheur, il est possible de l'inaugurer dès maintenant. Le vrai bonheur pour moi n'est-ce pas d'être accueilli sans méfiance et aimé pour ce que je suis ? "Ce que vous voulez que les hommes fassent pour vous, faites-le pour eux pareillement", dit le Seigneur (Lc 6,31).

Et si l'autre était le Seigneur qui vient à moi (Mt 25, 40) ? Et si l'autre était le Mystère de Dieu qu'il m'est offert d'accueillir et de déchiffrer ? Et si l'autre était cette chance que j'espère, que le Seigneur m'envoie et qui peut changer ma vie ?

"Béni soit celui qui vient au nom du Seigneur !"

La garde du regard

"La lampe du corps, c'est ton œil. Si donc ton œil est sain, ton corps tout entier sera lumineux. Mais si ton œil est malade, ton corps tout entier sera dans les ténèbres" (Mt 6, 22).
C'est Jésus qui dit cela. Cette parole est plus actuelle et plus prophétique que jamais. Il ne faut pas la lire à la sauvette. Nous devons la méditer longuement et en tirer toutes les conséquences.

Nous appartenons à la civilisation de l'image. Nos yeux ne sont plus seulement sollicités par le spectacle de la nature, par les visages et les paysages qui nous entourent. Nos yeux ne nous servent plus, comme à une autre époque, à observer le cycle des saisons, la migration les oiseaux, le cours des eaux et les couleurs du ciel. Notre vue ne nous sert plus seulement à scruter des textes qui donnent à imaginer et à rêver, ces écrits d'où notre imagination peut tirer toutes sortes de représentations.

Aujourd'hui les images nous sont servies toutes faites. Notre regard est saturé d'images. Non pas des images que nous imaginons, mais celles qu'on nous impose. Et ce n'est pas seulement une image par ci par là, c'est un flot, un déferlement, une avalanche d'images. Elles nous submergent. Nous n'avons pas assez de nos deux yeux pour accueillir tous les messages. Nous ne savons plus où donner du regard. Dans la rue, les affiches vous sautent aux yeux. A la maison, la télévision vous hypnotise. Les appareils de photo font pour l'hiver des conserves de spectacles qu'on n'a pas pris le temps de regarder sur le moment. Outre la saturation, nous risquons la pollution spirituelle, car s'il y a de belles images, il en est aussi de nocives, d'agressives, de mortelles.

Un combat ancien

Il faut prendre la mesure de cet événement. Il n'est pas mineur. Ne s'agirait-il pas de la reprise du combat, vieux comme le monde, que se livrent les ténèbres et la lumière ?

Le Créateur ne nous a pas donné des yeux seulement pour voir, comme à un certain nombre de vivants. Il nous a donné des yeux capables de Le

voir, des yeux pour la contemplation. Lorsque Jésus retrouve l'aveugle-né qu'il vient de guérir, il engage avec lui ce dialogue : "Crois-tu au Fils de l'homme ? - Et qui est-il, Seigneur, pour que je croie en lui ? - Tu le vois ! C'est lui qui te parle" (Jn 9, 36).
Le message est clair, nos yeux sont faits pour voir Dieu. Il s'est mis à la portée de notre regard en se faisant semblable à nous.

Et ce n'est pas pour rien que le Tentateur, l'ennemi de Dieu, celui qui fait tout pour détourner l'homme de sa vocation, s'en prend aux yeux des hommes. Dans la Genèse il attise le regard d'Adam et Eve pour le dévier de sa vocation. "La femme vit que l'arbre était bon à manger..." Et dès qu'ils sont devenus consommateurs, "alors leurs yeux à tous deux s'ouvrirent et ils surent qu'ils étaient nus" (Gn 3, 6). Leurs yeux s'ouvrirent, façon de parler. Car loin de contempler ce qu'on avait fait miroiter à leur imagination, leur regard se brouille. Ils ne voient pas plus loin que le bout de leur nudité.
Les voilà, la vue basse, offusqués et craintifs, eux qui avaient été créés pour les grands horizons et pour entrer dans la gloire de Dieu.

Même combat, lorsque Jésus est au désert, se préparant à sa mission de prédication, le même Tentateur "lui montre tous les royaumes du monde avec leur gloire" (Mt 4, 8). Il lui refait le coup du spectacle attrayant. Mais il ne réussit pas. Jésus réserve son regard pour le seul qui mérite d'être contemplé et adoré : "A Dieu seul tu rendras un culte !"

Un regard lumineux

Nos yeux ne sont pas seulement récepteurs de lumière. Ils sont aussi émetteurs de lumière. S'ils regardent un spectacle lumineux, ils deviennent eux-mêmes lumineux et ils éclairent tout ce qu'ils regardent. S'ils regardent un spectacle dégradant, ils deviennent opaques et ils salissent ce sur quoi ils se portent. Chacun a pu en faire l'expérience.

Vous venez de voir une personne rayonnante de joie et de paix, du coup vous êtes tout illuminé et tout vous apparaît auréolé de lumière. Vous êtes amoureux, rempli de la présence de votre amour, vous illuminez tout ce que vous regardez. Votre regard intérieur est clair. Vous ne voyez pas les choses de la même façon.

A l'inverse, si vos yeux sont remplis de spectacles sordides, dégradants, avilissants, vous salissez tout ce que touchent vos yeux. Vous n'avez plus le regard de l'enfant. Le regard peut être concupiscent ou intéressé. Il y a des regards assassins, des regards impudiques, indiscrets, provoquants ou féroces. Le regard noir.

Comme dit Jésus : "Si la lumière qui est en toi est ténèbres, quelles ténèbres !" (Mt 6, 23).

S'il y a des spectacles qui grandissent, il y a des spectacles qui souillent les âmes. Nos yeux sont fragiles. Nos yeux sont sensibles aux messages qu'ils captent. Ils emmagasinent, ils gardent le souvenir. Ils sont impressionnés : ce qu'ils voient se grave au plus profond de nous. Si nous ne veillons pas à la garde de notre regard, nous ne serons plus les maîtres de notre cœur.

Le Tentateur sait que chacun de nous peut devenir complice des pires turpitudes. Il suffit de nous laisser entrevoir, dans le secret, quelque spectacle insolite. Il suffit d'attiser la curiosité. Le reste vient tout seul. Celui qui a commencé à jeter même un simple regard sur un spectacle malsain n'arrive plus à s'en défaire. Il est sur une pente savonneuse. Rien ne le retient.

Nous devons être les gardiens vigilants de notre regard. Jésus nous avertit, et il y a comme une émotion dans sa voix quand il dit : "Considère si la lumière qui est en toi n'est pas obscurcie. Si ton corps tout entier, lumineux, n'a aucune part de ténébreux, il sera tout entier lumineux, comme lorsque la lampe t'illumine de son éclat" (Lc 11, 36).

Tout n'est pas bon à voir

Certains voudraient nous persuader que tous les spectacles sont bons, que nous pouvons tout voir, que nous sommes assez grands pour laisser traîner notre regard n'importe où. Hélas ! Un jour, peut-être, notre regard sera-t-il comme celui du cavalier de l'Apocalypse dont "les yeux sont comme une flamme ardente" (Ap 19, 12). Nous aurons alors les yeux et le regard du Christ. Ils brûlent tout ce qui est scorie. Ils purifient par le feu de leur lumière. Ils illuminent ceux en qui ils peuvent se refléter. Ils ne sont pas arrêtés par l'apparence. Ils voient le cœur des choses et des gens.

Pour l'heure, nos yeux sont fragiles. Il faut les protéger en ne leur imposant pas ce qu'ils ne peuvent supporter. D'eux dépend la paix de nos âmes. Protéger ses yeux c'est protéger son âme. N'oubliez pas que ce sont les cœurs purs qui verront Dieu, dit le Seigneur (Mt 5, 8).

BRUNOR

Je veux plaire !

Tout le monde veut plaire à tout le monde. Il suffit d'observer un peu autour de soi pour s'apercevoir du jeu que tous les êtres vivants se jouent les uns aux autres.

Les parades nuptiales des différentes espèces animales que nous dévoilent indiscrètement de splendides reportages filmés font partie de ces campagnes de charme qui semblent être l'une des principales occupations à la surface du globe.

Ce que la nature vit instinctivement, l'homme est appelé à le vivre raisonnablement. Il est indéniable qu'il y a dans le cœur et le comportement de l'homme comme une nécessité de plaire aux autres, de même qu'il est attiré par ce qui lui plaît et par ceux qui réussissent à lui plaire. Mystérieux phénomène de l'attirance et de la répulsion !

En fonction de quel critère, par exemple, choisissez-vous vos vêtements et vos chaussures ? Est-ce leur utilité seulement qui oriente le choix ou l'impression qu'ils vont faire ? Ne prend-on pas un soin méticuleux à les choisir en se demandant ce que les autres vont en penser et en essayant de deviner si ça va leur plaire ? Rien ne nous affecte d'avantage que de ne pas plaire, et nous faisons tout pour en éviter le risque ?

N'est-ce pas le désir de plaire qui fait la fortune des coiffeurs et des parfumeurs, qui donne de la patience pour passer des heures au maquillage et qui rend malade quand on s'aperçoit avec horreur qu'il y a une petite tache sur le chemisier tout beau qu'on vient de mettre pour sortir !

Plaire aux gens

L'homme aime qu'on l'aime. Il aime être apprécié. Il attache plus d'importance qu'il ne se l'avoue à ce désir de plaire. Et il en fait plus qu'il ne pense pour attirer l'attention et pour plaire.

S'il n'y a pas de mal à ça, il serait honnête de se demander à qui veut-on plaire et quels moyens utilise-t-on pour arriver à ses fins. La question mérite d'être posée par chacun et pour chacun.

BRUNOR

Carnet de Route

On veut plaire en société comme on veut plaire aux gens qu'on connaît. On veut plaire aux gens qu'on croise dans la rue : (ne se retourne-t-on pas parfois pour voir si eux ne se retournent pas de leur côté ?) ; on veut aussi plaire, bien sûr, à ceux qu'on côtoie tous les jours !

On veut plaire à celle ou à celui qu'on aime, et c'est bien normal.
On veut plaire à ses amis mais parfois aussi aux amis et amies de ses amis.

On veut plaire par dessus tout aux copains dont l'opinion compte tellement qu'on ne cesse de se demander : "Que pensent-ils de moi ? Est-ce que tu crois que je leur plais ?" A chacun de faire son bilan.

Quant aux moyens de séduction, on n'a que l'embarras du choix. Est-ce la tenue ? Le look ? La conversation ? La musculature ? L'humour ? Le sourire ? On en passe...

Mais, est-ce que je me préoccupe de plaire à Dieu ? Ai-je le souci de lui plaire ? Et qu'est-ce donc qui plaît à Dieu ?

Si j'arrivais à me faire une idée de ce qui plaît à Dieu, j'y verrais sûrement plus clair sur les moyens que je dois utiliser, les plus honnêtes, les plus corrects pour plaire aux autres.

Plaire... à Dieu

Ce qui plaît à Dieu, dit l'Ecriture, ce ne sont pas les apparences, mais ce qui se vit au cœur. Ce qui plaît à Dieu, c'est la qualité du bonhomme, ce qu'il vit au plus profond de lui-même. Ce qui lui plaît, c'est la rectitude de vie, c'est qu'un homme vive ce qu'il dit. Ce qui lui plaît, ce sont les âmes simples et sans détour.

Ce qui lui déplaît, ce sont les menteurs, ceux qui ont double vie et double langage. Ce qui lui plaît, ce sont ceux sur qui on peut compter, car ce sont des gens de parole. Dieu aime les cœurs droits. Voilà ceux qui lui plaisent.

Comme chante le psaume : "Garde ta langue du mal, et tes lèvres des paroles trompeuses ; évite le mal, fais le bien ; recherche la paix et poursuis-la" (Ps 33,14).

Dieu, contrairement aux hommes, ne se fie pas à l'impression. Il regarde au cœur des gens. Il aime les intentions droites et la fidélité.

"Que votre parure ne soit pas extérieure, faite de cheveux tressés, de cercles d'or et de toilettes bien ajustées, mais à l'intérieur de votre cœur dans l'incorruptibilité d'une âme douce et calme : voilà ce qui plaît à Dieu" (1 Pi 3, 3-4).

Il n'est donc pas blâmable de vouloir plaire. Cela peut même être excellent. Mais il y a manière. Il y a de bonnes et de moins bonnes règles de conduite.

Au fond, il faudrait ne vouloir plaire aux hommes qu'avec les moyens qui plaisent à Dieu. Il faudrait moins attacher d'importance aux formes et aux manières qu'aux qualités de cœur. Ce qui, à première vue, est invisible aux hommes, mais que Dieu voit, voilà ce qui doit sauter aux yeux de ceux à qui on veut plaire.

Autre chose...

Toute l'énergie qu'on déploie pour plaire aux autres, il faudrait la déployer pour plaire à Dieu et les moyens pris pour plaire à Dieu conviennent pour plaire aux hommes. Cela revient à aiguiser en soi le désir de plaire à Celui qui voit dans le secret, quand on prie et que la porte de la chambre est fermée.

C'est le but que visent ceux qui se retirent dans les déserts. Ils n'ont pas d'autre spectateur que Dieu. Ils n'ont personne à qui plaire si ce n'est Dieu lui-même. Ils savent qu'ils ne peuvent pas tricher, ni se jouer de quiconque. Ceux-là se moquent bien de plaire aux hommes. Ils sont loin de ce souci.

Aller au désert pour plaire à Dieu n'est pas fait pour tout le monde, c'est une vocation réservée à un petit nombre. Mais aimer Dieu d'un amour exclusif et tout faire pour lui plaire est valable pour tous. Tout chrétien, quelle que soit sa vocation, devrait vivre en n'ayant qu'un souci, celui de plaire à Dieu. Il devrait régler sa vie sur un unique mot d'ordre : ne vouloir plaire que par le meilleur de soi-même. Cela convient aussi bien aux hommes qu'à Dieu.

A-t-on le droit de s'aimer soi-même ?

On parle rarement de l'amour de soi-même. La question mérite cependant d'être posée. Que l'on s'examine, que l'on regarde autour de soi, à l'évidence, il n'est pas si facile de s'aimer soi-même.

Beaucoup de gens, beaucoup de jeunes surtout, se détestent eux-mêmes. Ils n'aiment pas leur aspect physique, ni leur visage, ni leur corps. Plus grave, certains n'aiment pas leur caractère, leur personnalité, à plus forte raison s'ils sont timides, s'ils rougissent facilement. Ils s'aiment si peu, qu'ils ne supportent pas davantage qu'on les aime. Ils ne trouvent rien en eux qui mérite qu'on s'y attarde.

Dilemmes

Le problème est complexe. Le bon sens, comme l'enseignement du Seigneur, n'aident pas à la compréhension des choses.

D'un côté, on condamne l'égoïsme ; d'un autre côté, le dicton populaire proclame que "charité bien ordonnée commence par soi-même".

D'un côté, le Seigneur dit que pour être son disciple il faut "se renier soi-même" ; ce qui implique de renoncer à s'occuper de soi. D'un autre côté, il faut aimer les autres comme soi-même. Ce qui veut bien dire qu'il faut s'aimer soi-même avant de pouvoir aimer les autres. Ce qui veut dire aussi qu'on n'aimera vraiment les autres que dans la mesure où l'on s'aime soi-même.

D'un côté, on est bien d'accord pour affirmer que l'égoïsme est plus qu'un vilain défaut, une attitude personnelle si grave qu'elle est, avec l'orgueil, la source principale du péché.
L'égoïste ne pense qu'à lui. Il est son propre centre d'intérêt. Il a pour lui-même un amour démesuré, au détriment des autres. Il retourne toutes les situations à son avantage. Il en vient à détester les autres, dans la mesure où ils le gênent. Aucun égoïste n'est sympathique, car rien ne l'intéresse que lui-même.

Mais, d'un autre côté, que penser de celui qui pense tellement aux autres, qu'il détruit sa santé, se rend inutile jusqu'à devenir un poids pour son entourage ?

D'un côté, le "moi est haïssable". Et rien n'est plus détestable, en effet, que ces gens (finalement assez nombreux), qui ne savent parler que d'eux-mêmes, de ce qu'ils font, de ce qu'ils ont fait, de ce qui leur est arrivé, de ce qu'ils pensent, de leur santé... ou de leur chien !

Mais, que dire de ceux qui passent leur temps à se dénigrer eux-mêmes ? Dire du mal de soi n'est finalement qu'une autre façon de ne parler que de soi.

Faut-il ou ne faut-il pas s'aimer soi-même ? Où commence l'égoïsme ? Où commence le légitime amour de soi ?

Que dit la Révélation ?

Cette question touche en fait au cœur de la révélation chrétienne. On peut se demander si bien des gens ne seraient pas moins malheureux s'ils acceptaient d'entendre ce que dit le Seigneur, s'ils acceptaient qu'Il les regarde. "Jésus fixa sur lui son regard et se prit à l'aimer" (Mc 10, 21), s'ils acceptaient qu'Il les aime.

Que dit ce message sinon que chacun est aimé de Dieu personnellement ?

Carnet de Route

Dire cela n'est pas si banal qu'il y paraît ! Banal ou pas, il faut le redire car il semble bien que beaucoup de nos contemporains n'en sont pas persuadés. Ils ont subi, qu'ils le sachent ou non, l'influence de ces religions d'Extrême-Orient pour qui la personne individuelle ne compte pas. Elle est comme une étincelle dans un feu, comme une goutte dans un océan, un grain de sable dans le désert. Elle n'a pas de destinée éternelle. Elle doit se fondre dans le Divin.

Pour le Christ, rien de tel. Chacun existe pour lui-même. Chacun est aimé pour lui-même. A chacun, le Seigneur promet une place au banquet des noces qui réunira un jour tous les invités. Et chacun aura sa place, chacun aura son vêtement de fête, à chacun on passera un anneau au doigt en signe d'alliance personnelle (Lc 15, 22).

Le monde serait sauvé si chacun acceptait d'être aimé personnellement par Dieu. S'aimer soi-même, c'est aimer celui que Dieu aime.

Je n'ai peut-être pas d'éléments suffisants pour voir en quoi je suis "aimable", mais sachant que Dieu m'aime je ne me regarde plus de la même manière. Et du coup je ne regarde plus les autres de la même manière.

Un père avait deux fils

La parabole de l'enfant prodigue illustre merveilleusement cette révélation. Un père avait deux fils. L'un reste auprès de lui. L'autre fait sa crise. L'un gère les biens de la communauté. L'autre gaspille tout son patrimoine. L'un économise son avoir : il est économe. L'autre dilapide son argent : il est prodigue. Leur père les aime tous les deux. Il aime celui qui reste avec lui et qui ne lui donne que des satisfactions. Il aime celui qui fait la grosse bêtise et qui lui fait une grande peine. Le père aime celui qu'il voit tous les jours et avec qui il n'a pas de problème. Il aime celui qui revient tout penaud parce qu'il ne sait plus où aller.

Mais ce qui nous intéresse ici, dans cette parabole, c'est de voir comment chaque fils s'est comporté vis-à-vis de lui même. Or ils ont adopté tous les deux la même attitude, et elle est mauvaise. Celui qui est parti gaspiller son héritage, pense qu'il n'est plus aimé. Il tremble en revenant à la maison. Il est persuadé qu'il va se faire jeter et qu'il s'en tirera bien s'il obtient une place de domestique de dernière catégorie. Il se trompait. Il avait oublié que son père l'aime pour lui-même. Quant à celui qui n'a rien à se reprocher, voilà qu'il fait sa crise à son tour. Et c'est une crise du même genre que celle de son frère : il trouve tout à coup qu'il n'est pas autant aimé qu'il faudrait. Il fait des remarques. Il lance des reproches injustes. Il tient pour nul le bonheur de n'avoir jamais quitté la maison familiale, d'en être le fils et de tout posséder à égalité avec le père.

Ces deux fils ne sont pas en paix avec eux-mêmes. Ils ne s'aiment pas eux-mêmes. L'un parce qu'il pense qu'il a démérité. L'autre parce qu'il pense qu'il n'est pas bien aimé. Les deux fils sont trop occupés d'eux-mêmes. Chacun à son tour se complaît à dire : "Et moi et moi !" L'un veut son argent et en faire ce qu'il veut. L'autre un bulletin de reconnaissance pour les bons et fidèles services rendus.

Les deux fils voient leur père d'un mauvais œil. A vrai dire, ils ne le voient plus tel qu'il est. Ils ont oublié cette chose essentielle : ils sont aimés de leur père. Chacun est aimé à sa façon, mais chacun pour lui-même.

On voit maintenant la différence qu'il y a entre l'attitude de l'égoïste et celle de celui qui s'aime lui-même. L'égoïste ne pense pas plus à Dieu qu'aux autres. Il n'est occupé que de lui-même. Il veut se faire plaisir, et tant pis pour les autres.

Celui qui s'aime lui-même dans le Seigneur est en paix avec lui. Il ne se compare pas aux autres. Il accepte en toute humilité d'être ce qu'il est. Il puise sa force dans la certitude qu'il est aimé de Dieu. Même si personne sur cette terre ne l'a aimé, même s'il a souffert de n'être pas aimé. Il aime son prochain comme lui-même est aimé de Dieu.

Le Seigneur demande avec force qu'on aime les autres comme soi-même, car il sait que seul celui qui porte sur lui-même ce regard apaisé saura regarder les autres sans se comparer à eux. Il les regardera comme Dieu les regarde. Il les aimera comme Dieu les aime. Quelle paix dans les cœurs, quelle paix dans le monde, si chacun accueillait cette révélation !

La jalousie et... l'envie

Bien des malheurs arrivent à l'homme, sans qu'il puisse rien y faire. Il doit alors puiser dans des réserves de courage. Il y a aussi d'autres malheurs dont il pourrait faire l'économie. Il se complait à se faire du mal. Loin de chercher à se corriger, il prend un malin plaisir à se charcuter. Il entre dans un cycle qui le détruit, comme s'il était enchaîné à une nécessité. Il commence par faire des concessions. Puis il se laisse entraîner dans une habitude, sans résistance. D'abord il concède, puis il cède. Il se laisse emporter par une force, plus forte que lui ! Au bout du compte, il est très malheureux, mais ne sait comment se défaire de ce démon qui le mine.

Ainsi procèdent la jalousie et l'envie, deux véritables fléaux, qui font des ravages dans la vie de ceux et celles qui les ont laissées prendre place en eux. Tous ceux qui sont dévorés de jalousie ou d'envie peuvent en témoigner. A vrai dire ils ne savent peut-être pas comment cela a commencé. Ils ont manqué de vigilance avec eux-mêmes. Ils ne sont plus eux-mêmes. Une passion dévorante ne leur laisse aucun repos. Ils sont jaloux. Ils sont envieux.

La comparaison

La jalousie et l'envie sont des maladies de la comparaison. Le jaloux se compare à ce que les autres **sont**, l'envieux se compare à ce que les autres **ont**.

Le jaloux est malade à la pensée de ce que vivent les autres. Il ne supporte pas de les voir tels qu'ils sont. Il se sent menacé. Le jaloux a la fâcheuse tendance de se mettre à la place de cet autre dont il ne supporte pas la chance, la présence, l'influence, la prestance, la beauté, la culture, l'esprit de répartie ou tout autre avantage. Il le trouve tellement avantagé, tellement plus heureux, tellement plus chanceux. Il se mesure intérieurement à lui. Il enrage en pensant à lui. Il a peur qu'il lui dérobe son influence ou son audience, ses relations ou ses amis. Le plus malheureux est l'amoureux jaloux. On en fait des comédies. On ne devrait pas. C'est une tragédie. Il a tellement peur de se faire dérober son amour, qu'il est prêt aux pires excès.

L'envieux, lui, est malade à la pensée de ce que possèdent les autres et qu'il n'a pas lui-même. L'envieux convoite les biens d'autrui. Cette envie peut porter sur de petites choses, comme sur de grandes. On peut envier la mobylette de son copain comme la grosse voiture de son collègue, le collier de sa voisine comme les vacances de ses cousins. L'envie porte surtout sur les biens matériels, l'argent bien sûr et tout ce que l'argent peut obtenir. L'envieux est dévoré par le désir de posséder ce qu'il n'a pas et qu'il voit que d'autres ont. Il ne se contente pas de ce qu'il a.

Le jaloux et l'envieux ont succombé à la sournoise tentation de se comparer aux autres. Ils n'auraient jamais dû commencer à le faire. Le Seigneur Jésus réprouve cette attitude. Il la sait dangereuse. Elle éloigne de Dieu, comme elle coupe des autres. C'est un des enseignements de la parabole des ouvriers envoyés à la vigne aux différentes heures de la journée. Quand les premiers ouvriers reçoivent du maître de la vigne le même salaire que les derniers arrivés, ils récriminent. Ils comparent leurs mérites et ils protestent. Mais le Maître leur dit sagement : "Vas-tu regarder avec un œil mauvais, parce que je suis bon ?" (Mt 20, 15) ce qui veut dire : "Faut-il que tu sois jaloux parce que je suis bon ?"

Être heureux de son sort

A l'opposé, le Seigneur nous enseigne dans la parabole des talents (Mt 25, 14) que dans la vie chacun a reçu, selon ses capacités, un certain nombre d'atouts qu'il doit utiliser et faire fructifier. Au moment de rendre des comptes il n'est pas demandé à chacun s'il a fait mieux que les autres, mais s'il a fait le meilleur de ce qu'il pouvait faire. Le Jugement Dernier n'est pas une distribution des prix ni un podium des jeux olympiques, cette somptueuse et cruelle injustice qui pousse à l'extrême l'esprit de comparaison, condamnant à l'oubli tous ceux qui ont donné le meilleur d'eux-mêmes. Le mot d'ordre du Jugement Dernier est "à chacun selon ses œuvres".

On connaît la parabole de sainte Thérèse de l'Enfant-Jésus. Quand un verre est plein, on ne saurait le remplir davantage. Que ce soit un verre à liqueur ou un verre à bière, peu importe sa taille pourvu qu'il soit rempli. A quoi sert de les comparer ?

On peut se corriger

Il est possible de se corriger de la jalousie comme de l'envie. Il faut pour cela prendre la ferme résolution de moins penser à soi, et surtout de renoncer à penser à soi en comparaison aux autres. Le jaloux et l'envieux sont trop occupés d'eux-mêmes. Ils auraient tout intérêt à élargir leurs horizons, à regarder plus haut, plus loin. Ils devraient s'efforcer de se désapproprier d'eux-mêmes. Il y a une façon de s'aimer soi-même qui est de l'égoïsme et de la complaisance. Elle est néfaste et douloureuse. Le Seigneur demande d'aimer les autres comme soi-même, et non pour soi-même !

Le jaloux et l'envieux ont peur des autres. Ils se sentent menacés. Ils ont peur de perdre ce qu'ils ont, de perdre leur place (dans le cœur de quelqu'un par exemple) ou de perdre leurs avantages. Ils ont peur du jugement que les autres peuvent porter sur eux (sur leurs moyens, sur leur niveau de vie par exemple). Cette peur peut se vaincre. Il est même urgent de tout faire pour la vaincre. Il faut pour cela, et non sans le demander dans la prière, transformer son regard sur les autres. Ne plus les regarder comme des concurrents dangereux, mais comme des semblables. Quand le Seigneur dit que nous sommes frères, il ne dit pas autre chose. Nous sommes tous regardés par le Père unique comme des êtres uniques qui n'ont rien à envier aux autres. Il aime chacun pour lui-même à proportion des efforts qu'il fait pour donner le meilleur de lui-même. Sinon c'est la reprise du conflit de Caïn vis-à-vis d'Abel. Caïn se compare à son frère. Il s'imagine que Dieu lui préfère son frère Abel. Il laisse s'installer dans son cœur une bête, dit la Bible, qui lui ronge le cœur (Gn 4, 7) et qu'il ne sait pas maîtriser.

Que celui qui sent monter en lui des sentiments de jalousie, ou des sentiments d'envie, soit bien sur ses gardes. Qu'il ne laisse pas le Mal commencer à s'installer en lui. Non seulement il en serait très malheureux, mais en plus il ne serait plus son propre maître. Il faut dire que tout le monde connaît, à des degrés divers, ce combat intérieur. Tout le monde doit faire effort pour ne pas laisser se répandre ce véritable chiendent dont il faut arracher les racines profondes si on veut qu'il ne repousse pas. La victoire sur cet ennemi au double visage est possible, avec le secours de Dieu. Le plus sûr est de le combattre dès qu'on sent monter en soi sa menace, dès qu'il veut imposer sa loi. Le moment est venu de dire :

"Elevons notre cœur ! - Nous le tournons vers le Seigneur !"

... L'esprit critique

Méditation ordinaire d'un lycéen ordinaire un soir ordinaire de cafard, en attendant le sommeil :

"Je n'arrive pas à oublier ce que vient de me dire mon bon copain Gérard. Il avait entendu parler de moi dans un groupe au bahut. Il m'a tout rapporté. Ce n'était pas tendre.

S'il y a une chose que je crains par dessus tout, c'est bien la critique des autres, du moins quand elle est négative. Pourtant, s'il y a une chose que je sais faire et que j'aime faire, c'est de critiquer les autres. Mais à vrai dire, ce n'est pas pareil.

Je n'aime pas la critique des autres, parce qu'ils ne me connaissent pas vraiment bien. Il jugent toujours sur les impressions, sur les apparences. Mais ce n'est pas vraiment moi ! Ils se trompent. Et ils me blessent. Passe encore quand ils disent du bien de moi ! Là encore ils ne voient pas le fond des choses, sinon ils n'en diraient pas tant. Mais pour le coup je ne dis rien. J'aime qu'on m'aime. J'aime qu'on ait une bonne impression de mon attitude, qu'on apprécie mes jugements, qu'on loue mes travaux, qu'on reconnaisse mes efforts. Mais je crains comme la peste ces jugements hâtifs qu'on porte sur moi. Je les crains d'autant plus que souvent ils tapent justes, ils touchent au point sensible, là où ça me fait mal, juste sur le défaut que j'aurais voulu qu'on ne voie pas. Je n'aime pas qu'on souligne mes erreurs. Je déteste qu'on colporte les bêtises que j'ai pu faire.

Et pourtant, c'est plus fort que moi, je ne peux pas m'empêcher de demander ce qu'on pense de moi. Je suis curieux de savoir ce qu'on dit de moi quand je ne suis pas là. Je reconnais que c'est idiot de le demander et que je prends le risque d'entendre ce que je ne voudrais pas entendre. Mais je le fais quand même. Et ensuite je souffre comme une bête blessée. Je ressasse sans arrêt dans ma tête les méchancetés des autres. Du coup je ne les regarde plus de la même manière, je leur en veux et je cherche une occasion de leur rendre la monnaie de leur pièce.

Carnet de Route

Mais, moi, quand je critique, ce n'est pas la même chose. Je le fais quand je sens qu'il est juste de le faire. Parce qu'après tout, c'est vrai, il y a des choses qu'on ne peut pas laisser passer. Et j'estime qu'il vaut mieux dire les choses comme elles sont plutôt que de jouer les hypocrites qui ne disent rien mais qui n'en pensent pas moins. Dire la vérité, ça ne fait jamais de mal, si c'est la vérité. Il y faut même du courage. C'est une question d'honnêteté. Par exemple, il y a des cours, ils sont nuls. Il faut le dire. Et j'ai des copains, ils sont vraiment mauvais. Il n'y a rien à en faire, c'est comme ça. Pourquoi ne pas le reconnaître ? Parfois, quand nous parlons, entre nous, il nous arrive de faire la revue des profs et des copains. On dit ce qu'on pense. On classe : les nuls avec les nuls, les bons avec les bons. On fait pas ça pour dénigrer. C'est objectif ! On dit ce qui est. Tant pis si ça ne plaît pas. C'est bien connu : il n'y a que la vérité qui blesse !

Mais tout de même quand j'y repense : ce que m'a rapporté Gérard, ça fait vachement mal ! J'aurais pas cru qu'on avait une telle opinion de moi. A vrai dire ce qu'ils ont dit n'est pas faux, mais quel besoin de le dire ?"

Il s'en passe des choses dans la tête de celui qui n'arrive pas à s'endormir. Il roule ses pensées comme Sisyphe son rocher. Il faut espérer qu'avant de sombrer dans le sommeil, il en tirera quelques conclusions utiles. Par exemple :

1. Comme dit le Seigneur : "Ne faites pas aux autres ce que vous ne voulez pas qu'on vous fasse". C'est simple et c'est vrai.

2. Si la critique te fait mal, pense que ta critique fait mal aux autres. Toi tu penses bien faire, mais as-tu pensé aux répercussions sur l'autre de ta critique soi-disant objective. Après tu diras : "je ne pensais pas que ça irait si loin." Il fallait y penser avant. Quand le mal est fait, on ne peut plus l'effacer.

3. Dis-toi bien que tout ce que tu dis sera rapporté. Toujours. Tu pensais parler en confiance à des amis discrets. Mais sois sûr qu'à un moment ou à un autre, sans avoir l'air d'y toucher, ce que tu as dit aura été répété. Prudence, prudence.

4. Le mieux serait de ne jamais juger. Là encore le Seigneur avait prévu le coup : " Ne jugez pas, pour ne pas être jugés ! " Difficile, très difficile. Mais profitable.

5. Si tu veux avancer dans la vie, ne te préoccupe pas de ce que les autres disent de toi. Et surtout ne le demande jamais ! Soit ils disent du

bien de toi (mais c'est très rare) et si tu le sais tu risques d'en tirer de la vanité. Soit ils te critiquent (c'est le plus fréquent) et si tu ne peux pas le supporter, ça va te freiner dans ton action.

6 Il y aurait une bonne résolution de carême à prendre ce serait de s'imposer, quand on voit quelque chose de critiquable chez quelqu'un ou dans quelqu'entreprise, de tout faire pour que les choses changent. Pour prendre un exemple : c'est trop facile de dire : l'aumônerie est nulle et de ne plus y mettre les pieds. Ne serait-il pas plus évangélique de convertir la critique en se demandant : "que puis-je faire pour que l'aumônerie réussisse son travail de présence chrétienne et d'évangélisation ?"

Là dessus, il s'endormit.

Le courage du témoin

Avant la Confirmation, les évêques reçoivent des lettres de jeunes. Récemment, l'un d'eux en citait une au cours de son homélie. Il avait été frappé par la difficulté que beaucoup de jeunes chrétiens éprouvaient à vivre leur foi dans la vie ordinaire. Plusieurs d'entre eux disent : "Je suis chrétien le dimanche, ou quand je suis aux scouts ou au groupe jeunes de la paroisse. Mais au lycée, il m'est impossible de dire que je suis chrétien".

Une jeune fille confiait même, avec des accents poignants : " Je fais partie d'un groupe d'amis très soudé avec qui tous les sujets de conversation sont abordables sauf un : le christianisme. Je suis la seule chrétienne dans ce groupe et quand on en parle la discussion se conclut bien vite : "Dieu n'existe pas." C'est complètement stupide de croire en quelqu'un qui aurait vécu il y a 2000 ans et aurait soi-disant fait des miracles !"

Dans un monde dans lequel il est si difficile de vivre sans l'accord des autres, le jeune chrétien est bien seul. Il surnage comme il peut dans un océan d'indifférence, essuyant des tempêtes d'agressivité soigneusement entretenues par les médias pour jeunes. Dans notre société qui n'a que le mot "tolérance" aux lèvres, lui, catholique, n'est pas toléré. Il est contraint de porter sur ses épaules tout le poids des reproches adressés à l'Eglise. Il en est accablé.

Et comme il est lui-même rempli de questions, ce qui est normal quand on a seize ans et qu'on est un vrai croyant (car la foi est une connaissance obscure qui habite avec le doute dans le cœur du croyant), il flageole, sans savoir s'il va continuer ou abandonner.

Parfois, il se donne l'impression d'être un traître, parce qu'il se sent fort quand il est entre chrétiens, mais il se sait très faible quand il est au milieu de ses meilleurs copains qui pour la plupart sont athées et à qui il ne peut rien confier. Sa tentation est grande d'abandonner la partie, sous prétexte qu'il n'est pas assez solide pour tenir tête, qu'il n'est pas assez sûr ni de lui, ni de sa foi.

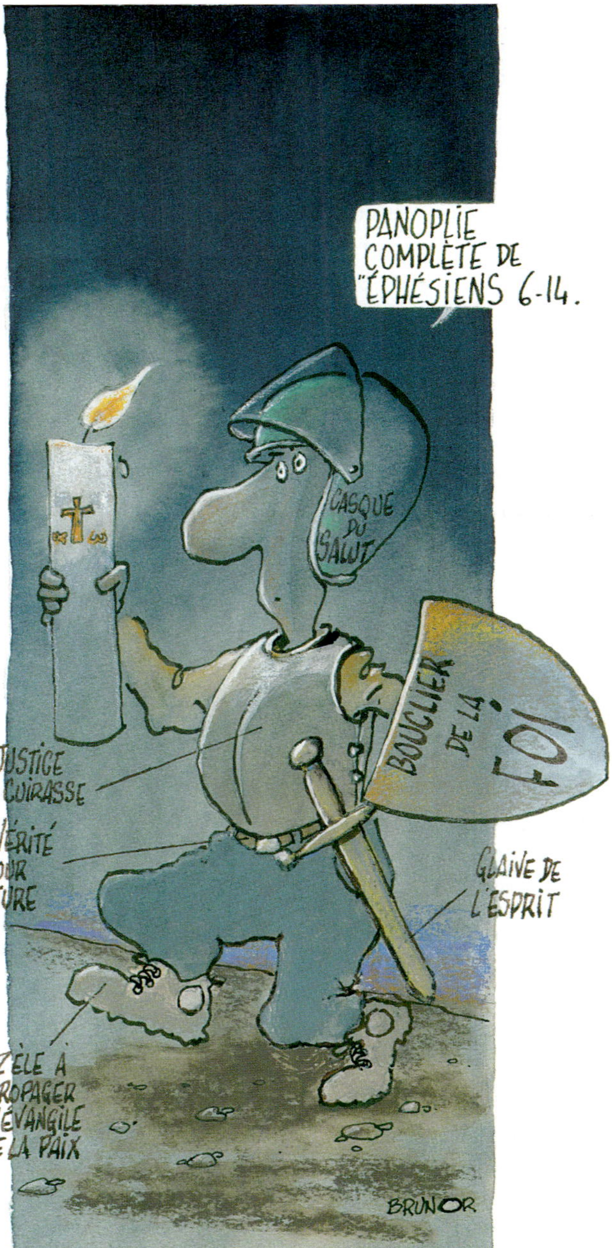
PANOPLIE
COMPLÈTE DE
"ÉPHÉSIENS 6-14.
CASQUE DU SALUT
BOUCLIER DE LA FOI
LA JUSTICE POUR CUIRASSE
LA VÉRITÉ POUR CEINTURE
GLAIVE DE L'ESPRIT
ZÈLE À PROPAGER L'ÉVANGILE DE LA PAIX
BRUNOR

Carnet de Route

Le témoignage de ces jeunes chrétiens sonne comme un appel au secours. "C'est quoi un vrai chrétien ? dit l'un d'eux. J'attends avec impatience une réponse !"

Aux jeunes chrétiens d'aujourd'hui, il faut les vertus du martyr. Il n'y a pas que les martyrs du temps des Romains, ceux qu'on voit au cinéma dans les arènes face aux lions. Le chrétien est toujours dans la situation du martyr, c'est-à-dire du témoin. Il est toujours seul face à une foule hurlante qui veut sa mort, comme elle a voulu la mort de Jésus. Lui aussi a été seul. Lui, le tout amour, il a été détesté ! C'est à pleurer.

Le jeune chrétien, en butte aux moqueries et qui se demande si ça va s'arrêter, doit savoir que déjà dans les premières années de l'Eglise, l'apôtre Jean exhortait les chrétiens à cultiver tout spécialement une vertu : la persévérance, appelée aussi la constance ou la patience. Elle ne consiste pas à attendre que ça passe. Elle sait au contraire, que la persécution ne passera jamais. Avec la force de l'Esprit-Saint, le chrétien patient ne faiblira pas.

Il faut bien se dire que le monde n'acceptera jamais qu'on vienne lui parler du ciel, de l'éternité, de Dieu qui est amour, ni d'aucune de ces réalités qui lui échappent, ce qui le rend furieux. Si le chrétien croit à toutes ces réalités, ce n'est pas parce qu'il les aurait vues lui-même. Il croit parce qu'il a confiance en Celui qui lui en a parlé. Il fait confiance à la parole de Jésus. Il reconnaît en Lui, Celui qui sait de quoi il parle.

La solitude des jeunes chrétiens dans leurs lycées ou dans leurs bandes d'amis, n'est pas supportable s'ils ne trouvent des communautés vivantes où ils soient heureux, où ils soient écoutés et réconfortés, où ils puissent vivre leur amitié pour Jésus à visage découvert et dans l'enthousiasme d'une louange libérée, où ils puissent lancer un grand cri d'appel vers Celui qui ne nous abandonne pas et qui entend nos prières. Honte à ceux qui appelleraient ces communautés des refuges ! Ceux-là ne savent pas ce que c'est que de vivre isolé dans un milieu hostile. Quand on est blessé, on a besoin d'être soigné. Quand on a été humilié, on a besoin d'être consolé. Quand on porte la confusion de n'avoir pas osé témoigner du Christ, on a besoin de le dire et d'être compris.

Il faut mobiliser pour nos jeunes frères et sœurs chrétiens qui sont en première ligne, des communautés, familiales, monastiques, religieuses, paroissiales qui prient pour eux et qui les encouragent.

N'est pas meilleur chrétien celui qui reste chez lui et se garde du combat. Le chrétien n'est certainement pas quelqu'un qui ne vit qu'entre chrétiens. Son Seigneur ne se faisait pas d'illusions, qui envoyait ses disciples "comme des agneaux au milieu des loups".

A chaque chrétien, dans la nuit de Pâques, est confié un cierge allumé au cierge pascal. Tant qu'elle est dans l'église, cette petite flamme brûle et brille tranquillement. Toutes ces petites flammes réunies illuminent la nef. Mais quand elle sort, elle est menacée. Il faut la protéger du vent mauvais. Il faut la disposer dans une lanterne, aux vitres bien propres, pour que sa lumière éclaire.

Elle se sent faible, seule au milieu de la nuit. Mais on la voit de loin. Et si quelqu'un, perdu dans la nuit, la repère, il marchera vers elle. Il est déjà sauvé. Le chrétien a souvent le sentiment de ne rien faire, seul dans la nuit, au milieu des loups. Mais si la lumière du Christ brille en son cœur, qu'il ne se trouble pas. Sa force est en Dieu ! Le témoin pâtit. Mais Dieu agit.

Comment répondre ?

Parce que vous êtes chrétiens, il arrive souvent qu'on vienne vous trouver pour vous interroger. Pour peu que vous soyez fervent, que vous mettiez en pratique ce que vous croyez, on s'adresse à vous.

Les demandes sont diverses. Mais on attend une réponse. Vous ne vous sentez pas particulièrement habilité pour répondre. Alors, que faire ?

Il est normal qu'on s'adresse à vous. La révélation chrétienne se transmet de personne à personne. Le Seigneur Jésus n'a-t-il pas envoyé ses disciples annoncer sa bonne nouvelle à toutes les nations ? Vous êtes convaincu de cela, mais vous demeurez mal à l'aise.

Ce malaise peut avoir deux causes : l'une peut venir de vous, l'autre du questionneur. Ou bien, vous ne savez pas quelle attitude adopter ; ou bien, l'attitude de celui qui vous interroge n'est pas claire.
Qu'en est-il de celui qui pose la question ? Qu'en est-il de mon attitude personnelle ?

Le questionneur

Il vaut mieux parler de celui qui interroge que de la question. Car, toute question est bonne à poser. Mais, selon l'état d'esprit de celui qui la pose, elle change de nature. Autre est la question de celui qui interroge pour savoir, autre celle de celui qui interroge pour embarrasser. Jésus en a fait l'expérience. Nous pouvons puiser, dans son attitude, un enseignement pour notre comportement. Jésus est confronté à deux genres d'interrogateurs. Et déjà, dans leurs questions, se profile ce qu'ils attendent. Il y a ceux pour qui la réponse est importante, et ceux pour qui elle importe peu.

Les réponses de Jésus

Quand Jean-Baptiste demande à Jésus : "Es-tu celui qui doit venir, ou devons-nous en attendre un autre ?" (Lc 7, 19), Jésus n'hésite pas à répondre ; et sa réponse est propre à éclairer celui qui l'a posée. Quand les disciples demandent à Jésus le sens des paraboles (Lc 8, 9), Jésus n'hésite pas à répondre, et sa réponse les éclaire. De même, le légiste qui veut le mettre à l'épreuve parce qu'il cherche une preuve satisfaisante pour se convertir : Jésus lui raconte la parabole du Bon Samaritain (Lc 10, 25). Quand un jeune homme l'interroge sur la vie éternelle et la façon d'y accéder, Jésus n'hésite pas à lui répondre et à l'éclairer (Mt 19, 16). Dans tous ces cas, ceux qui posent la question attendent manifestement une réponse. Et la réponse peut changer leur vie.

Par contre, Jésus est extrêmement circonspect face à ceux dont les intentions sont équivoques. Le roi Hérode veut voir des miracles. Il interroge longuement Jésus. Mais Jésus ne lui répond rien. A ses risques et périls, Il garde un silence absolu. "Il l'interrogea avec force paroles, mais il ne lui répondit rien" (Lc 23, 9).

Il y a ceux qui veulent voir un signe. Jésus, qui pourtant fait bon nombre de miracles, ne les satisfait pas. Il pressent que, même s'ils voyaient un signe, ils ne changeraient pas de vie (Lc 16, 30) : "Même si quelqu'un ressuscite d'entre les morts, ils ne seront pas convaincus"). Il les renvoie à la foi. Car, même une bonne réponse, bien claire, ne dispense pas de la foi. Mais là où Jésus est terrible, c'est lorsqu'Il pressent le piège. Il est intraitable avec ceux qui n'attendent aucune réponse. Ainsi, lorsque les tenants de l'autorité religieuse du moment Lui demandent par quelle autorité Il agit, Jésus veut amorcer un dialogue avec eux. Ils refusent. Alors Jésus dit que Lui non plus ne répondra pas (Lc 20, 8).

Et, pire encore, lorsque des gens se sont concertés pour "le surprendre en parole" avec la délicate question sur les impôts à payer ou non, Jésus flaire le piège et en tend un autre. Il leur dit : "Hypocrites, pourquoi me tendez-vous un piège ?" (Mt 22, 18). Et Il répond, comme vous le savez, en les renvoyant à eux-mêmes.

Notre attitude

Nous aussi, nous devons apprendre à faire le tri entre les questions qui n'ont pour but que de nous déstabiliser, de nous ridiculiser en public, et celles qui sont un appel.

Même s'il faut respecter ceux qui posent ces questions, il est souvent inutile de s'embarquer dans une discussion qui n'aboutira qu'à diviser. Si le questionneur porte une vraie question, il serait dommage de passer à côté. Mais peut-être aussi ni le moment ni le lieu ne sont-ils propices pour répondre. Il reste la prière. Le recours à l'action de l'Esprit-Saint vaut mieux que des polémiques stériles.

Dans toutes les autres situations, il faut être prêt à faire face. N'oubliez pas cette forte parole du Seigneur : "Qui vous écoute, m'écoute" (Lc 10, 16) et cette autre parole : "Celui qui accueille celui que j'ai envoyé, m'accueille" (Jn 13, 20).

Quand on nous interroge sur notre foi, ce n'est pas de nous que nous devons parler, mais **de lui** ! Lui qui nous envoie, et Lui qui m'interroge. Il faut prier dans son cœur en disant : "Seigneur, que ce soit toi qui parles, et non pas moi !" Il faut bien se rappeler que ce ne sont pas nos arguments qui porteront. Nous ne sommes que des instruments dont se sert l'Esprit de Dieu. L'instrument sera parfait s'il est docile et humble. Il doit avoir un infini respect pour celui qui cherche, pour Celui qui parle. C'est le Seigneur qui a commencé à lui parler. Il ne nous est demandé que de jeter des brindilles sur un feu que nous n'avons pas allumé.

Voilà pourquoi il est inutile de multiplier les arguments, comme si la foi était la conclusion nécessaire d'un raisonnement.
Voilà pourquoi le témoignage de notre attachement au Christ vaut souvent mieux qu'une démonstration. D'ailleurs, que peut dire un amoureux à qui on demande de rendre compte de son amour ? "Pourquoi aimes-tu ? Qu'est-ce que l'amour ? L'amour existe-t-il ?..." Peut-il démontrer quoi que ce soit ? Que voulez-vous qu'il dise, si ce n'est : "J'aime ! L'amour a changé ma vie. Je te souhaite d'aimer. Je te souhaite d'être touché par l'amour dont tu es aimé !"

Nous sommes des messagers

Les vraies questions, celles qui appellent une réponse, sont souvent agressives. Ne soyons pas affecté par leur ton. Ce qui compte, c'est le questionneur, sa détresse, son désir. Ce qui compte, c'est le Seigneur qui attend son enfant pour l'accueillir. Nous ne sommes que les intermédiaires, les messagers envoyés aux carrefours pour inviter les démunis, les blessés, les violents au repas de noce.

Autre l'attitude du serviteur qui parle au nom de son maître, autre celle de celui qui veut imposer ses idées. Le premier est humble. Il se sait investi d'une mission dont l'enjeu est considérable. L'autre se rend détestable par sa suffisance. Le premier n'a qu'un désir en tête : que l'invitation du maître ne soit pas refusée. Il est prêt à tous les sacrifices pour être entendu. L'autre se soucie plus d'avoir été brillant et de s'être bien tiré d'une situation délicate. C'est de la vanité.

Si quelqu'un vous interroge sur votre foi, réjouissez-vous ! C'est un signe. Le Seigneur vous envoie à lui. "Ne cherchez pas avec inquiétude comment vous défendre ou que dire, car le Saint-Esprit vous enseignera à cette heure même, ce qu'il faut dire" (Lc 12, 11).

Ne vous souciez pas de ce que vous direz, mais souciez-vous d'aimer vraiment le Seigneur et d'aimer celui que le Seigneur met sur votre route. De la qualité de votre présence dépend la réalité de la présence du Seigneur. Il fera le reste.

Croire sans voir !

C'est difficile d'admettre que le Christ n'est pas venu pour organiser le monde, pour résoudre nos problèmes politiques et domestiques. Toute la force de son message vise à manifester le réalisme de l'amour de Dieu pour nous, le réalisme de la vocation de l'homme à l'éternité. N'est-ce pas cela qui rend la foi difficile ?

Les Apôtres eux-mêmes s'y sont laissés prendre. Jusqu'au bout, ils se sont "plantés lamentablement". A l'heure où le Christ va les quitter définitivement, alors qu'Il a pris la peine (Ac 1, 3) de les instruire longuement et de leur donner les consignes les plus précises (Mc 16, 7), n'ont-ils pas la naïveté de lui demander : "Seigneur, est-ce maintenant le temps où tu vas restaurer la royauté en Israël ?" (Ac 1, 6).

Les chrétiens continuent à rêver d'une révélation qui vise davantage la transformation de la terre, que la promesse du ciel.

On rêve d'un monde parfait, un monde sans pauvres, un monde sans injustices ni guerres, un monde de gens parfaits. Or, Jésus n'a pas dit : "Construisez un monde juste et fraternel". Il a dit : "Aimez-vous les uns les autres". C'est tout à fait autre chose. Beaucoup plus difficile, beaucoup plus exigeant, beaucoup plus humble.

Et Jésus savait bien que ce serait toujours à recommencer (Mt 26, 11) : "Les pauvres vous les aurez toujours avec vous, mais moi vous ne m'aurez pas toujours".

Il savait bien que chacun aurait à faire l'effort d'aimer les autres pour l'amour du Christ. Et c'est au moment du jugement final, dans la vie éternelle, qu'on lui dira une parole l'introduisant à la vie ou le privant de la vie, selon qu'il aura reconnu ou non le Christ dans les "plus petits" qu'il aura secourus, visités, nourris, aimés.

Mais croit-on vraiment qu'il y aura un jugement final ? Croit-on vraiment qu'il y a une vie éternelle ? Et si on ne le croit pas, est-ce que bien des choses ne changent pas ?

BRUNOR

Carnet de Route

Quel réalisme ?

On a dit aux chrétiens qu'ils devaient avoir une foi adulte, autrement dit une foi raisonnable, raisonnée, capable de se prendre en mains, etc.

Or Jésus n'invite jamais à avoir une foi d'adulte. Au contraire, Il dit, et de façon impérative : "Si vous ne retournez pas à l'état des enfants, vous n'entrerez pas dans le royaume des cieux !" (Mt 18, 3). Et c'est autrement difficile et exigeant d'avoir à renoncer à cette maîtrise d'adulte tant sur l'immédiate réalité que dans le domaine de la foi ou de son rapport à Dieu. C'est que Jésus invite à changer de priorité. Rien n'est plus difficile.

Autre domaine difficile pour le chrétien : le réalisme à contre courant que le Christ lui demande de vivre. Il ne dit pas, par exemple : "Comportez-vous comme des loups parmi les loups", mais "Je vous envoie comme des brebis au milieu des loups ; montrez-vous donc prudents comme les serpents, et candides comme les colombes" (Mt 10, 16). Message à rebrousse-poil, charmant à entendre, mais redoutable à vivre. Car pour le vivre, il faut croire que Dieu est plus fort que les loups au milieu desquels il nous envoie. Il faut croire que le salut éternel qu'il nous propose pour plus tard, vaut mieux que de sauver sa peau tout de suite !

De même, en matière de mariage et de fidélité conjugale, Jésus montre des exigences si grandes et si peu à la mode (déjà à l'époque), que les Apôtres eux-mêmes s'écrient : "S'il en est ainsi, ça ne vaut pas le coup de se marier !" (Mt 19, 10). Même chose quand Il parle de l'argent. Jésus est si draconien que les disciples se demandent : "Mais alors qui donc peut être sauvé ?" (Mt 19, 25). Et tant d'autres domaines : "On vous a dit, moi je vous dis..." (Mt 5, 20 ss.).

Quelle attitude adopter ?

Ce qui rend la voie proposée par Jésus terriblement exigeante, c'est qu'elle exige de croire en la réalité de l'action de Dieu. Jésus, qui ne promet pas à ses disciples la maîtrise de la terre, les invite à changer de regard, à ne plus regarder ni les affaires du monde, ni surtout les affaires de Dieu - et donc tout ce qui touche au cœur de l'homme - avec le regard du monde. Il nous invite à voir le monde comme Dieu lui-même le voit ! Les chrétiens eux-mêmes ont bien du mal à le faire.

Le malaise des chrétiens ne vient pas tant des obstacles et des oppositions qu'ils rencontrent. Il vient de ce qu'ils ne sont pas assez radicalement chrétiens. Ils n'ont pas assez présent à l'esprit ce que Jésus ne cesse pourtant de répéter, et dont il est si difficile de se persuader : "Ce qui est impossible aux hommes, est possible à Dieu" (Mt 19, 26), ou encore : "Rien n'est impossible à Dieu !" (Lc 1, 37).

Croire sans avoir vu

L'auteur de l'épître aux Hébreux écrit à des gens qui éprouvent cette même difficulté. Il invite ses lecteurs à avoir une foi indéfectible, c'est-à-dire à ne plus regarder les choses de la vie comme s'ils n'avaient pas obtenu ce qui avait été promis : ce qui change justement le sens de la vie. "Nous ne sommes pas des hommes de défection, mais des hommes de foi. La foi est la garantie des biens que l'on espère, **la preuve des réalités qu'on ne voit pas**" (He 11, 1).

Il décrit aussi la foi de tous ces grands croyants du passé. Ils ont tenu ferme alors qu'ils n'avaient même pas obtenu la promesse que nous, nous avons obtenue. Ils ne voyaient rien, pourtant ils ont espéré. D'où cette très belle formule à propos de Moïse : "Comme s'il voyait l'invisible, il tint ferme" (He 11, 27).

Les chrétiens avancent avec certitude, comme s'ils voyaient l'invisible. Ils croient sans voir (1 Pi 1, 8). Ils ont un guide qui voit ce qu'ils ne voient pas et qui les conduit sûrement. Ils sont dans la nuit, mais ils font confiance à Celui qui les mène par la main, car "ses yeux sont comme une flamme ardente" (Ap 1, 14). Ils savent que leur Seigneur est toujours avec eux. Est-ce si difficile ? Oui, tant qu'on ne fait pas totalement confiance...

Carnet de Route

Vérifiez vos sources !

Vérifier ses sources est un réflexe indispensable à avoir en face de quelqu'un qui remet en cause la foi, ou l'Eglise.

Il m'est arrivé d'être questionné, en rencontrant des jeunes, sur une parole des Ecritures, l'enseignement du Saint-Père, ou le comportement de l'Eglise. Des questions du type : "Que pensez-vous des surprenantes déclarations du Pape sur le préservatif ?", ou "Comment justifier l'intolérable attitude de l'Eglise dans telle circonstance ?"

L'important est de savoir si l'interlocuteur se fonde sur des données vérifiées, ou s'il se fait l'écho de simples propos.

Dans tous les cas, on est en droit d'exiger qu'il cite ses sources : "De qui tenez-vous ce renseignement ? Où avez-vous lu cette information ? Avez-vous vérifié ce que vous affirmez ?"

On a tendance à penser que ce qui est imprimé est vrai ; on se dispense de vérifier. Ce n'est pas parce qu'une radio se donne à elle-même le label de première radio d'information que tout ce qu'elle dit est juste.

Il y a d'ailleurs une façon de dire les choses qui ne dit pas seulement ce qu'il faut savoir, mais aussi ce qu'il faut penser ! C'est plus grave ! Face à cela, comment rester maître de ses convictions ?

Plus que jamais, il apparaît important de n'accepter que des informations vérifiées.

Trop souvent, on croit savoir de source sûre. Mais, à y regarder de plus près, on s'aperçoit que ce qu'on tenait pour la vérité vraie n'est qu'une information captée au vol, l'affirmation d'un inconnu, qui lui-même l'a reçue d'un autre inconnu. Et personne n'a vérifié !

Sans parler des montages audiovisuels qui polluent les sources et bernent les spectateurs, il arrive bien souvent qu'on prenne une information pour argent comptant. L'ayant entendue, on la fait sienne. On la ressert. On s'appuie sur elle, surtout si elle affirme qu'il est "scientifiquement démontré que..." Et c'est ainsi que se propagent les idées fausses.

LA SOURCE OU L'AVIS ?
LES MAUVAISES NOUVELLES
BRONOR

Celui qui veut être honnête ne devrait jamais affirmer savoir ce qu'il n'a appris que par ouï-dire.

La règle d'or en ce domaine est de ne jamais tenir pour vraies des affirmations non vérifiées.

Deux règles à respecter

1 Tout jeune chrétien auquel on balance des affirmations qui le déstabilisent dans sa foi doit avoir le réflexe de demander à voir en direct ce qu'on lui oppose.

Si on lui parle d'un texte des Ecritures, qu'il exige la citation exacte. Si on lui cite le propos d'une autorité de l'Eglise, qu'il demande à lire la déclaration elle-même dans son intégralité.

Par dessus tout, il devra rester vigilant face aux arguments venant de certaines sectes badigeonnées de christianisme.

Les Témoins de Jéhovah sont très forts pour ce genre d'argumentation. Ils assènent à des chrétiens non préparés des arguments choc choisis pour les mettre dans l'embarras. Leur but n'est pas de dialoguer, mais de leur démontrer combien on les a trompés. Tout déstabilisé, le chrétien mis en cause se sent le devoir de réagir. Il croit charitable d'entrer en dialogue, et habile de prendre la défense de son Eglise. Il essaie de réfuter les arguments. Mais comme il n'est pas formé à la dialectique, il est vite emberlificoté et acculé dans une impasse.

Il aurait dû, avant toute discussion, demander à voir les textes mis en cause, à vérifier les traductions, et les traditions. Il aurait économisé bien de la peine.
Il se serait aperçu que, dans neuf cas sur dix, il s'agissait d'une traduction trafiquée, d'une affirmation abusive faite pour semer le trouble et démoraliser les croyants.

L'affirmation péremptoire, l'information tronquée, l'argument décisif font d'autant plus de ravages qu'ils reposent sur la certitude que personne n'ira vérifier.

Le Seigneur a dit : "La vérité vous rendra libres". C'est la vérité qui nous importe. Même si une vérité doit nous blesser, nous l'accepterons. Mais nous ne devons jamais accepter qu'on nous serve des contre-vérités, des à-peu-près, des "Il paraît que...".

Nous sommes au service de la vérité. Mais ce n'est pas servir la vérité que de renoncer à débusquer le mensonge ! Il ne faut jamais manquer une occasion de montrer du doigt les loups qui s'habillent en agneaux et accusent les bergers !

2 Parmi les exigences que doit s'imposer à lui-même un jeune chrétien, il en est une qui ne doit pas souffrir d'exception : celle d'aller toujours aux sources. Connaître les Ecritures, avoir lu les déclarations des grands conciles. En tous domaines, vérifier avant d'affirmer.

Voyez avec quel soin saint Luc précise qu'il a vérifié personnellement tout ce qu'il rapporte (lc 1,3). Heureusement pour nous ! Imaginez s'il s'était contenté de rapporter ce que disaient les pharisiens, ou les soldats, ou l'opinion publique, cette radio de l'époque ?

Et l'évangéliste saint Jean n'a-t-il pas l'audace de dire qu'il n'a jamais vu Dieu, mais qu'il se fonde pour en parler sur Celui qui sait de quoi il parle : "Personne n'a vu le Père, sinon celui qui vient d'auprès de Dieu : celui-là a vu le Père !" (Jn 6, 46).

La foi de Jean, celle de l'Eglise, celle des chrétiens, ne repose pas sur des racontars, sur des "On dit que...", sur des impressions, sur des affirmations non vérifiées. Elle repose sur la parole de Celui qui sait.

Faut-il se battre ?

Comme monsieur de La Fontaine avait raison ! A la rentrée scolaire, le jeune lycéen découvre que la cour de récréation ressemble, par bien des aspects, au règne animal. Il y évolue comme dans une jungle aux mille dangers, où grouillent des animaux petits et grands qui ont entre eux d'étranges relations. Gare aux faibles !

Dans cette jungle, il y en a qui se comportent comme des loups, d'autres comme des renards.
Il y en a qui sont des aigles ; ils planent.
Sans parler de ceux, assez nombreux, qui font les singes.
Certains sont des ours et d'autres des butors.
On trouve les inévitables pingouins et les canards sauvages, à ne pas confondre avec les enfants du Bon Dieu qui vont à l'aumônerie.
Il n'est pas rare non plus de rencontrer quelques serpents : passe encore pour les couleuvres, cousines léthargiques des lézards (!), mais il y a aussi les langues de vipère.
Certains sont traités d'ânes, mais ne le sont pas forcément !
D'autres travaillent comme des bœufs.
Certains sont vaches, d'autres des chameaux et d'autres encore des cochons !
Et les pigeons se font plumer !

Ce qui frappe, c'est l'agressivité. Les coups pleuvent, mais aussi les cris, les moqueries, les brimades. La raison du plus fort s'impose comme la meilleure.

Comment se débrouiller dans ce monde complexe, où très vite une question surgit : "Faut-il se défendre quand on est attaqué ? Faut-il se venger quand on est agressé ? Faut-il se battre avec ceux qui cherchent la bagarre ?"

Celui qui arrive au lycée, pétri de l'Evangile, a souvent le sentiment d'être mal armé pour les combats de l'existence. Quand on vous a répété depuis le berceau qu'il faut aimer ses ennemis, et que, si quelqu'un te gifle sur la joue droite, tends lui l'autre !, on se demande comment se comporter face à la violence.

Voilà le jeune Chrétien pris dans un étau :

- ou bien il écoute ses réflexes, et, s'il a un peu d'honneur et de fierté, il rendra coup pour coup, car il n'est pas question de se laisser marcher sur les pieds. Il emploiera les armes de son agresseur. Il montrera qu'il existe et qu'il a du courage.

- ou bien il écoute son cœur, tout rempli de l'enseignement de Jésus qui lui dit qu'il ne doit pas se comporter comme les païens (Mt 5, 47). Alors, il prend des coups,et n'a pas le sentiment de se comporter en homme. Sa faiblesse le remplit de honte.

Comme quoi la vie chrétienne n'est pas théorique. Elle est héroïque ! Le christianisme n'est pas une vision du monde qui ne porte pas à conséquence. Il est une révélation qui indique une voie qu'il faut impérativement prendre pour arriver au but. C'est un chemin qui conduit à Dieu certes, mais un chemin difficile ; avec, cependant, une certitude : Jésus, qui est

Dieu, a pris la route avec nous. Il en a fixé le code. Il l'a lui-même respecté.

A la violence, Il a opposé la force. Pas la force physique, mais la force intérieure. Il ne s'est battu physiquement contre personne. Il n'a pas réuni de bande, ni d'armée. Et quand un disciple tire l'épée pour le défendre, Jésus lui intime l'ordre de remettre l'épée au fourreau, car tous ceux qui prennent le glaive périront par le glaive (Mt 26, 52). Cette force intérieure qui a été la sienne tout au long de sa vie, Jésus la donne à ses disciples dans les sacrements de pénitence et de l'Eucharistie.

S'il puise son courage dans cette énergie divine, le jeune chrétien apprendra sur le terrain, qu'il doit opposer la force à la violence. Il serait un lâche s'il fuyait, s'il s'écrasait ou s'il supportait tout comme si de rien n'était. Mais il serait un faible s'il rendait coup pour coup, comptant plus sur sa force physique que sur sa force d'âme. Il sera vraiment fort, quand il fera face à la violence sans devenir violent ; quand il regardera le moqueur ou le brutal, les yeux dans les yeux et qu'il le désarmera par son seul regard. Il sera vraiment saint, s'il oppose la douceur à son agresseur et s'il l'aime comme le Christ l'aime. Il sera alors véritablement un homme spirituel. La vraie vie spirituelle, c'est de vivre comme Jésus a vécu.

Mais alors, direz-vous, on va se faire laminer ! En effet ! La croix est inévitable. Le tout est de savoir si nous mettons notre espérance dans notre musculature ou dans le Seigneur.

Il est clair qu'on n'y arrive pas du jour au lendemain. C'est le but à atteindre, **la direction à prendre**. Il faut accepter de ne pas toujours réussir et de chuter parfois. Ce serait d'ailleurs beaucoup plus facile si les adultes montraient l'exemple. Qu'en pensez-vous ?

Le monde ressemble souvent à une jungle, il est vrai. Faut-il pour autant hurler avec les loups ? Jésus n'a-t-il pas annoncé : "Je vous envoie comme des agneaux au milieu des loups" ? Prions sans cesse pour demander à Dieu la force intérieure, pour soi, et pour tous les chrétiens aujourd'hui persécutés à cause de leur foi, ce qui commence souvent dans la cour de récréation...

Il faut se décider !

Au moment de s'engager, le jeune se heurte à bien des difficultés. Rien ne se passe comme il l'aurait voulu.

Adolescent, il rêvait d'un monde à sa mesure, qui se plierait volontiers à ses désirs et à ses exigences. Confronté à la réalité, il déchante : il y a de la résistance. Et pas seulement la résistance des matériaux !

La résistance est aussi à l'intérieur de lui. Il doit s'accepter tel qu'il est, et il se découvre des limites considérables. Il est tenté d'attendre d'être parfaitement au point pour prendre ses décisions. Or, des choix s'imposent dans la vie. Il faut prendre parti. Il faut s'engager. Il faut donc aussi renoncer.

Le jeune de cette fin de siècle a du mal à se décider. Qu'il s'agisse de s'engager dans une profession, ou qu'il s'agisse d'orientation de vie, qu'il pense à une vocation religieuse ou au mariage, il hésite. Il tergiverse. Il remet à plus tard. Est-ce par prudence réfléchie ? Dans ce cas, tant mieux. Mais bien souvent il ne s'agit que d'indétermination chronique. Il n'arrive pas à se décider !

Ne voit-on pas une foule de jeunes gens qui semblent avoir tous les atouts en main, et qui ne parviennent pas à prendre parti ? Le mal n'est pas universel, mais il est très répandu. Si bien que celui qui a su acquérir dès son enfance un esprit de décision entrera dans la vie d'adulte avec un avantage considérable.

Quand on peut tout avoir ou presque, pourquoi choisir ?

Il serait intéressant d'analyser les raisons et les causes de cette indécision. Il est probable qu'on pourrait attribuer une lourde responsabilité à la surabondance dans laquelle les plus jeunes générations ont toujours vécu, dans nos contrées.

Quand tout semble possible ou presque, pourquoi se presser ? Quand il est devenu normal en tous domaines de grappiller puis de jeter, comment prendre une grande décision, une de ces décisions qui oriente toute une vie, une de ces décisions qui comporte une grande part de sacrifice de soi ?

Carnet de Route

Comment engager sa liberté quand on a l'illusion qu'on sera toujours jeune, toujours en pleine forme, toujours à temps de commencer et que l'avenir vous appartient ?

Accepter le risque... comme Abraham

Prendre une décision implique toujours un risque. Nul n'est maître de l'avenir. Ce serait vouloir prendre la place de Dieu que de vouloir être absolument sûr de l'avenir.

L'homme moderne a tenté de construire une Babel non pas dans la hauteur, mais dans la durée en voulant maîtriser le temps. Il se veut maître de l'avenir. Il se couvre d'assurances et de garanties, de prospectives et de prévisions. Mais ce qui est (peut-être) valable dans la gestion d'une entreprise ne vaut pas en affaires humaines.

Pour vivre, il faut commencer par vivre : il est certes nécessaire de réfléchir avant d'agir. La vraie vertu de prudence commande de réfléchir, de prendre conseil, de faire le point, puis de se décider. Trop attendre annule le bénéfice de la réflexion.

A un moment il faudra se décider sous peine de voir le temps filer, les occasions se perdre et la vie passer sans qu'on n'ait rien fait... à temps !

L'avenir, de fait, comporte toujours une incertitude. D'où cette illusion entretenue, qu'il est possible de vivre à l'essai. Avant de se décider, il faudrait essayer, c'est-à-dire simuler la vie comme on fait de la simulation de vol. Et on ne s'engagerait qu'à coup sûr.

Mais il est des domaines, et ce sont ceux qui touchent le plus au cœur de l'homme, dans lesquels il faut accepter de s'engager résolument sans savoir ce que sera l'avenir. Rien n'est plus humain, à la fois grand et redoutable, que ces départs à la façon d'Abraham.

Il est vrai qu'on ne sait pas si on sera un bon père de famille tant qu'on n'a pas d'enfants ! On ne sait si on sera un bon prêtre tant qu'on n'est pas ordonné prêtre. Il est vrai aussi qu'une fois père, une fois prêtre, il n'est plus possible de dire : "J'efface tout et je recommence !" La vie humaine est ainsi faite qu'on doit s'engager en faisant confiance et sans aucune garantie sur l'avenir. N'est-ce pas cela qui fait le plus peur ?

L'avenir est à Dieu

A vrai dire, l'avenir n'existe pas. Chaque jour, quelque chose se tisse, et je participe à ce tissu. Seul le Maître du Temps est aussi le Maître de l'avenir. Seul le Père des cieux sait ce qui va arriver.

Et Il a la prudence de ne pas le dire. Il commande même qu'on ne pose pas la question."Il ne vous appartient pas de connaître les temps et moments que le Père a fixés de sa seule autorité"(Ac 1, 7).

A son propre Fils, il n'a pas révélé ce qui adviendra.

Il ne faut donc pas attendre de tout savoir sur l'avenir pour se décider. Et qui peut dire ce qui serait arrivé si je ne m'étais jamais décidé ? Ce qui inquiète tant les jeunes générations, au moment de s'engager, n'est-ce pas le spectacle des échecs qui les environne ? Ce qu'ont vécu leurs prédécesseurs les paralyse. Beaucoup se demandent s'ils seront capables de tenir la longue durée.

De peur de ne pas y arriver, ils préfèrent retarder l'engagement. Ainsi faire profession religieuse "jusqu'à la mort" comme s'engager dans le mariage "à la vie à la mort", cette démarche qui jadis stimulait, aujourd'hui terrifie !

Jésus invite à la décision

Face à cette attitude endémique, il est de notre devoir de dire aux plus jeunes qu'hésiter à ce point, est un manque de foi, autant qu'une erreur d'ordre psychologique. L'erreur et le manque de foi consistent à penser qu'on échouera parce que d'autres ont échoué.

Penser cela est une concession à la fatalité. Or il n'y a pas de fatalité pour le fidèle de Jésus Sauveur ! Le chrétien plus que tout autre devrait maîtriser cette angoisse devant la décision à prendre.

Le Seigneur l'engage à se mettre résolument à sa suite et à devenir homme de décision.

Imaginez les Apôtres alors qu'ils n'étaient que simples pêcheurs au bord du lac ! Il a fallu qu'ils se décident vite quand ils ont entendu : "Laisse tes filets et suis-moi !"

Et à celui qui hésitait en disant : "Il faut que j'aille enterrer mon père", Jésus répond vertement "Laissez les morts enterrer les morts !" (Lc 9, 60).

Une fois de plus le message du Seigneur Jésus donne la clé du problème. Seul celui qui accepte de perdre gagnera. Celui qui veut tout gagner et tout garder, celui-là perdra probablement tout : "Qui veut sauver sa vie la perdra, et qui perdra sa vie à cause de moi la sauvera" (Mt 16, 25).

Le cultivateur confie à la terre sa semence. S'il veut récolter, il doit faire confiance. Celui qui entasse le grain dans son grenier ne récoltera rien, et le grain pourrira. Ce qui est vrai du Royaume est vrai en tous domaines importants. Il faut se décider.

Le Christ invite à la décision quand il demande que notre oui soit oui, ou que notre non soit non (Mt 5, 37). Et dans l'Apocalypse le Seigneur fustige ceux qui sont tièdes : "Que n'êtes-vous chauds ou froids ! (Ap 3, 15)."

Tout l'enjeu du Royaume réside dans un choix. Il faut faire le bon choix au bon moment. Celui qui n'aura pas choisi à temps, se retrouvera à la porte du Royaume. Et il aura beau hurler, il restera dehors (Lc 13, 25).

Vous trouvez ça dur ? Tant mieux ! Vous êtes avertis. Vous savez ce que vous avez à faire, faites-le. Il est temps de se décider !

Etre fidèle à 17 ans

Rien n'est plus douloureux que d'être trahi dans son amour.

Il y a des déceptions amoureuses qui ne provoquent pas seulement des dépits sentimentaux, mais une véritable blessure. Elle vient du sentiment d'avoir été trompé sur un point essentiel, dans un domaine qui ne souffre pas d'arrangements. En effet, le véritable amoureux, quand il se donne, se donne totalement ; et il attend la réciproque.

Mais qu'est-ce qu'être fidèle quand on a dix-sept ans ? Ce n'est certes pas la même chose que lorsqu'on est marié, quand on s'est engagé dans l'existence et qu'on a donné sa parole.

Certains jeunes ont le sentiment d'être infidèles lorsqu'ils abandonnent une affection pour une autre. Or, il arrive souvent qu'ils soient, sinon vraiment amoureux, du moins très attirés par une personne ; mais, au bout de quelque temps ils se lassent et changent d'affection. Ils se demandent alors s'ils n'ont pas été infidèles. Parfois, ils se le reprochent. Il est donc bon de préciser qu'autre est la fidélité de celui qui est engagé, et autre le comportement de celui qui ne l'est pas.

Qu'est-ce qu'être fidèle ?

Celui qui est fidèle est celui qui ne revient pas sur la parole donnée. Ainsi, Dieu est fidèle. Il nous a donné sa parole (Jésus est la Parole de Dieu venue sur terre), et Il ne la reprend pas. Celui qui se marie donne sa parole ; il s'engage à ne pas la reprendre.

Si cela arrivait, il serait infidèle. On dirait alors qu'il trompe son conjoint. En effet, il trompe sa confiance. Il ne tient pas parole. Il est menteur.

Mais, tant qu'on n'est pas engagé, tant qu'on n'a pas donné sa parole, il n'y a pas infidélité quand on ne donne pas suite à une relation qui n'en était qu'à ses balbutiements ; même si on y croyait beaucoup ; même si on avait commencé à y mettre du sien ; même si on avait commencé à être pris, voire épris. Il y a un âge où l'on se cherche. Le tout est d'être honnête avec soi-même et avec les autres.

Carnet de Route

La fidélité, comme toutes les grandes vertus humaines, demande un apprentissage. Ce n'est pas facile, car nous vivons dans une civilisation qui pousse au gaspillage. On jette ce dont on n'a plus besoin et on le remplace.

Les objets, comme les machines, sont faits pour ne pas durer. On voit, hélas, faire de même avec les personnes. Dans bien des boulots, on traite les gens comme des objets. Dès qu'ils ne conviennent plus, on les renvoie. C'est un drame !

Ni en amour, ni dans aucune vraie relation humaine, ce comportement ne convient. Aussi faut-il prendre la ferme résolution de s'imposer de ne pas traiter les autres de cette façon. Cela commence tout de suite.

A dix-sept ans, on est vraiment fidèle quand on ne s'engage pas à la légère, qu'on ne va pas plus loin, dans sa relation, qu'on estime devoir aller. Il n'y a pas que la relation amoureuse.

Il y a toute une gamme de comportements possibles, depuis la simple camaraderie, en passant par la sympathie, puis l'amitié plus ou moins grande, voire l'affection, avant de parler d'amour et d'engagement. Une des attitudes les plus appréciables dans la vie est bien la "fidélité en amitié".

Mais dans tous les cas, est fidèle celui qui ne se ment pas, et donc qui ne ment pas aux autres. Le fidèle n'a pas deux langages : un langage public et généreux pour obtenir ce qu'il veut, et un discours secret et intéressé.

L'apprentissage de la fidélité commence par être rigoureux dans son cœur, être au clair avec soi-même. C'est un bon entraînement que de se tenir à une ligne de conduite, calibrée sur l'honnêteté.

Zapper ou durer ?

Par dessus tout, il faut apprendre à durer. La fidélité est attachée à la durée. L'avenir est aux tenaces, à ceux qui savent persévérer, à ceux sur qui on peut compter.

A l'inverse, il y a des gens qui se comportent comme des planches pourries. On croit pouvoir s'appuyer sur eux, mais ils lâchent à la première pression. N'est pas fidèle en amitié, celui qui utilise les autres, celui qui profite des gens tant que cela lui convient, celui qui vous lâche quand "ça lui chante". Il ne mérite pas l'estime.

Celui qui met son honneur à mériter confiance, acquerra, par contre, la stature d'un homme de parole. On saura vite qu'il n'est pas frivole, ni inconstant ; on peut compter sur lui.

La fidélité fait partie de ces vertus auxquelles les chrétiens sont particulièrement attachés. Cela vient du sérieux qu'ils accordent à la parole, et en particulier à la parole donnée.

Du coup, ils ont souvent le sentiment d'être à part. Ils ne sont pas comme tout le monde. Les jeunes chrétiens peuvent en souffrir.
Ils peuvent être fortement tentés d'adopter les comportements du grand nombre. Or, tout le monde zappe, en amour comme ailleurs !...

La tentation est forte parfois d'en faire autant.

Mais le chrétien garde en mémoire la forte parole de Jésus qui lui dit et lui répète que s'il est dans le monde, il n'est pas du monde. Oui, il appartient bel et bien à ce monde, à cette époque, à cette culture, à ce langage. Mais il appartient aussi au Dieu fidèle, celui qui ne revient pas sur la parole donnée. Il n'est jamais trop tôt pour commencer à apprendre à être un homme de parole.

J'ai mal à ma formation

Ce cri a été poussé par un jeune de Terminale. Il était tous les jours confronté au harcèlement malveillant d'enseignants et de camarades ; il avait eu l'audace de se dire chrétien, qui pis est, catholique. Son embarras venait moins du fait d'être mis en cause (ce qui est devenu le lot commun, il faut bien s'y faire !), que de constater son incapacité à faire front.

Il reconnaissait avoir reçu, de sa famille, de tel mouvement de jeunes, une assez bonne formation dans le domaine de la foi chrétienne.

Mais, arrivé en Terminale, il était incapable de répondre aux questions. Il n'avait pas d'argument, pas de réponses aux objections. Bref, il avait mal à sa formation.

Il se retrouvait dans la situation bien connue de celui qui a fait de l'Anglais pendant sept ans et qui ne comprend pas un mot de ce que lui dit le premier Anglais venu !
Il ne peut pourtant pas dire qu'il n'a pas été formé, mais sa formation ne lui convient pas.

La situation de ce jeune est loin d'être unique. Beaucoup de chrétiens, jeunes et moins jeunes, se disent mal formés, voire pas formés du tout.

Et pourtant, ces dernières années on a multiplié les centres de formation, les cours par correspondance, les revues et les livres de tous niveaux, les émissions sur radios libres !

S'agit-il vraiment d'un manque de connaissance ? Plusieurs questions viennent à l'esprit : est-il vraiment nécessaire de tout savoir, dans tous les domaines, de façon à avoir réponse à tout ? Et, même si on savait tout, saurait-on répondre de façon satisfaisante ? Est-il nécessaire d'être capable de faire face à toutes les objections ?

Mais, avant de se poser ces questions, n'est-il pas légitime de se demander si ceux qui interrogent sont vraiment intéressés par les réponses ? Ont-ils l'intention de changer d'avis, si la réponse est bonne et documentée ?

Trier les questions

Avant de s'affoler, sachons qu'il y a questions et questions. Il y a celui qui interroge, car il veut vraiment savoir. A celui-là il serait dommage de n'être pas capable de donner une réponse correcte ou de l'orienter vers celui qui pourra répondre. Ces questions sont toujours les bien venues.

Mais, dans d'autres cas, plus fréquents, les questions sont des objections, des mises en causes. Ceux qui interrogent les chrétiens cherchent à les "mettre à la question". Ils n'ont

Carnet de Route

quasiment jamais l'intention de se laisser convaincre. La question est un jeu cruel, qui veut embarrasser, déstabiliser, voire ridiculiser s'il y a du public.

A ce genre de questions, il faut se rappeler que Jésus ne répondait pas. Face à Hérode, Il garde le silence : "Il l'interrogeait avec force paroles, mais il ne lui répondit rien" (Lc 23, 9). Aux provocations des badauds, hochant la tête (Mc 15, 29), Jésus ne répond rien non plus. Et souvent, Il retourne la question à ceux qui la lui envoient. Par exemple le jour où on Lui demande d'où Il tire l'autorité avec laquelle Il parle. Alors, Jésus répond : "Permettez-moi de vous poser une question, et je n'en poserai qu'une. Si vous y répondez, je répondrai moi aussi..." (Mt 21, 24).

Trier les réponses

Le malaise de bien des jeunes chrétiens est à prendre en compte. Le silence, s'il est signe d'incapacité, perd tout son sens. Un chrétien devrait être capable, pour le moins, de rendre compte des axes principaux de la Révélation. Il y a un minimum de documentation indispensable. Celui qui se sent faible de ce côté-là a un devoir impératif de raviver ses connaissances, voire de les acquérir.

On ne manque aujourd'hui ni de documents, ni de moyens d'y accéder. N'y aurait-il pas une certaine paresse de la part des chrétiens ? Une mauvaise habitude consiste à toujours renvoyer au clergé (qui est sensé tout savoir), au lieu de répondre soi-même. Il faudrait s'accuser en confession de ne pas avoir été capable de prendre la défense du Christ (Cf. Lc 22, 62).

Déjà, Paul et Pierre ont fait face aux questions, aux objections. Pierre veut rassurer les fidèles qui sont harcelés et auxquels on demande des comptes. Voici une belle formule :
"Et qui donc peut vous faire du mal, si vous vous montrez zélés pour le bien ? Que si pourtant vous deviez souffrir pour la justice, heureux êtes-vous ! N'ayez d'eux aucune crainte, ne vous laissez pas troubler (...). Soyez toujours prêts à répondre à quiconque vous demande raison de l'espérance qui est en vous, avec douceur et respect" (1 Pi 3, 13-15).

Non pas convaincre, mais annoncer !

Voilà la clef. Chaque baptisé devrait être toujours prêt à rendre compte de l'espérance qui est en lui. On ne lui demande pas d'être une encyclopédie vivante. On ne lui demande pas d'avoir réponse à tout, d'autant que c'est rarement utile et efficace.

Mais, ce qui est indispensable, c'est que chacun soit si fermement attaché au Christ qu'il soit persuadé que rien ne peut le déstabiliser. Il faut qu'il soit persuadé en même temps que ce n'est jamais lui qui convaincra, mais toujours l'Esprit-Saint. D'ailleurs, Jésus l'a dit :"Quand on vous emmènera pour vous livrer, ne vous inquiétez pas à l'avance de ce que vous direz, mais dites ce qui vous sera donné en cet instant ; ce n'est pas vous en effet qui parlerez, mais l'Esprit Saint"(Mc 13, 11). On ne saurait être plus clair.

Il faut faire face, non pour convaincre : ce n'est pas à nous de le faire, mais à l'Esprit, et on ne sait pas si l'interlocuteur est mûr pour être convaincu, l'Esprit Lui le sait, mais par amour.

Il faut être persuadé que celui qui interroge, si dur soit-il, est aimé de Dieu, qu'il est appelé, comme tout le monde, à la vie éternelle.

Cela ne dispense pas le baptisé de prendre un sérieux temps de réflexion, d'abord seul dans la prière, puis, à plusieurs, autour d'une table, pour sérier en quelques phrases les axes essentiels de la foi, de façon à ne pas être pris par surprise.

Ne dis plus : "J'ai mal à ma formation". Mais dis plutôt : "J'ai mal à ma confiance dans la puissance du Seigneur".

Et dans ta prière souviens-toi de ceci : "Les Apôtres dirent au Seigneur : 'Augmente en nous la foi !' Le Seigneur répondit : 'Si vous aviez la foi gros comme un grain de sénevé, vous auriez dit au mûrier que voilà : déracine-toi et va te planter dans la mer, et il vous aurait obéi !" (Lc 17, 5-6).

Carnet de Route

Nous avons tous été adoptés

Tout jeune, à un moment ou à un autre, s'interroge sur ses parents.

Même s'il ne le dit pas à haute voix, il se demande qui sont vraiment ses parents. Il y a comme une nécessité de savoir. Il ressent le besoin de s'assurer que les adultes qu'il appelle papa et maman sont bien ceux qui lui ont donné la vie.

Il veut même savoir s'ils lui ont donné la vie par amour ou s'ils l'ont vu venir sans plaisir. Il veut être certain qu'il n'est pas un poids dans la famille, mais qu'il y est le bienvenu. Il veut s'assurer de sa légitimité. Ce sont des questions que l'on se pose toujours, plus ou moins gravement, selon les époques de la vie. Il est très important qu'il y ait une réponse, quelle qu'elle soit.

Lorsque l'on est soi-même un enfant adopté, même si l'on est choyé par ses parents adoptifs, même si on les aime tendrement et qu'ils font tout au mieux, même si l'on reconnaît avoir été merveilleusement bien accueilli, il n'en demeurera pas moins toujours au fond du cœur, comme une crevasse dont on cherche désespérément à scruter le fond.

Il y a là comme une blessure que les hommes ne peuvent pas guérir. C'est une souffrance qui peut parfois être terriblement douloureuse ! Seul le Seigneur, le bon thaumaturge, panse ces plaies-là.

Un monde de questions !

Bien sûr, il y a tellement de raisons pour lesquelles on peut avoir été adopté qu'il est impossible de n'imaginer qu'un seul scénario. Mais comment ne pas s'interroger ? Comment ne pas se dire : "J'ai été abandonné" ? Car de toutes les manières, c'est le cas : que ce soit poussé par la contrainte, par égoïsme ou pour quelqu'autre raison qu'on ne saura jamais, on a démarré dans la vie par une situation d'abandon.

L'enfant adopté se demande ce qui a bien pu pousser un père, une mère... sa mère, son père à renoncer à s'occuper de lui. Il cherche à imaginer quels drames, quelles circonstances insurmontables ont bien pu les conduire à renoncer au fruit de leur union. Car cette union, on ne peut l'imaginer qu'amoureuse, quand on est jeune.

On n'imagine pas que ceux qui aiment la vie n'aiment pas l'amour, ni que ceux qui aiment l'amour n'aiment pas la vie qui est le fruit de leur amour.

L'enfant adopté est comme déraciné en même temps que privé de racines. Qui pourrait lui enlever le sentiment d'être venu au monde sans avoir été ni attendu, ni désiré ? Il est blessé car il sent bien qu'il n'était pas prévu, qu'il a gêné ou qu'il n'a pas été aimé pour lui-même, ou tout simplement que les auteurs de sa vie n'ont matériellement pas pu l'accueillir.

Ce n'est pas imaginable pour lui, mais il en arrive à se dire que peut-être n'était-ce vraiment pas possible autrement ? Comment le savoir ? Il n'en demeure pas moins qu'ils ont dû se séparer de lui. Quelles circonstances ont bien pu les pousser à renoncer à être parents ? N'ont-ils pas eu les moyens financiers ? La pression de la société les a-t-elle poussé à cette extrêmité ? L'ont-ils fait à contrecœur ? Peut-être le regrettent-ils ? Et dans ce cas, c'est encore pire.

Une parole du Royaume

Le Seigneur non plus n'a pas résolu le problème de toutes les situations tragiques qu'il a côtoyées. Mais, en guérissant un aveugle ou un paralytique, il a énoncé quelque chose du Royaume de Dieu.

De même, ce désarroi dit quelque chose du Royaume : il nous aide à prendre conscience que nous sommes tous des enfants adoptés.

Tous adoptés

D'abord, pour la simple raison que les parents ne choisissent jamais leurs enfants. Ils prennent ceux qui viennent ! Et dans ce domaine, tout enfant est un don du ciel. Il faut le recevoir comme tel. Les parents auront à accueillir, à "adopter" cet enfant-là comme le leur. Et ils auront eux aussi à se faire adopter par leur enfant.

Pour les parents comme pour les enfants, il faut bien voir que c'est le Seigneur qui les a confiés les uns aux autres. Quelle qu'ait été la manière !

Dieu, le Père adoptif

Tout homme garde au cœur, tel l'enfant adopté, la nostalgie d'un Royaume où les relations sont par-

faites. En effet, c'est par adoption que nous sommes tous devenus enfants de Dieu.

Tout homme est seul au monde. Il lance un grand cri intérieur et se demande qui est son Père, qui est sa Mère, pourquoi il a été abandonné dans un monde hostile ? Ce cri n'est pas resté sans écho.

Celui qui est par excellence "le Père " a répondu : Moïse le premier a entendu sa voix, comme un enfant abandonné sur une terre étrangère ; une autre famille l'avait adopté. Il a entendu le Seigneur Dieu lui dire : "C'est moi", "Je suis" : Je suis celui que tu cherches, celui dont tu es né.

Je suis venu te chercher pour te ramener à la maison. Et tous ceux qui, à la suite de Moïse, ont entendu cette parole savent qu'elle dit vrai. En elle, nous avons trouvé notre véritable origine, et notre origine est en Dieu.

Paul le confirme : "Vous avez reçu un esprit d'adoption filiale qui vous fait vous écrier : Abba, (c'est-à-dire papa !)" (Rm 8, 15). Et ailleurs il précise, (ce qui est encore plus fort) que Dieu a envoyé son propre Fils "afin que nous recevions l'adoption filiale. Et la preuve que vous êtes des fils, c'est que Dieu a envoyé dans nos cœurs l'Esprit de son Fils qui crie : Abba !" (Ga 4, 5-6).

Ce qui veut dire qu'on est plus fils par l'esprit que par la chair. C'est l'esprit d'amour qui fait que tel enfant devient fils. Ce n'est pas la chair qui crée les vrais liens, mais l'esprit. Sur la terre, l'esprit d'amour des parents. Dans le Royaume, l'Esprit d'amour du Père qui est aux cieux.

L'enfant adopté sait viscéralement que seul l'amour peut donner sens à la vie : ce qu'on lui a si cruellement volé, il en a, plus que tout autre, un besoin vital. Il a soif d'amour, soif de recevoir de l'amour, mais plus encore soif de donner, et de donner de l'amour en quantité.

Ses parents adoptifs, quand ils lui disent : "Mon fils !", "Mon enfant !, Je t'aime !", lui enseignent, du plus profond de leur être, cet immense amour, le même qui est au cœur de Dieu. Car c'est à chacun de nous que Dieu s'évertue à dire : "Je me suis attaché à toi, et avec des liens d'amour. J'ai été pour toi comme ceux qui soulèvent un nourrisson tout contre leur joue. Je me suis penché sur toi, et je t'ai fait manger" (Os 11, 4). Toute la tendresse de Dieu est dans ce geste maternel.

Là est la parabole. Nous sommes tous des enfants adoptés que seul l'amour peut sauver. L'amour d'un Autre, plus grand, plus vrai, plus sûr que tout amour terrestre. Avant de pouvoir se donner, l'amour se reçoit. Aussi Jésus dit-il : "Aimez-vous les uns les autres, comme je vous ai aimés !" Le mot principal de cette confidence, c'est le "Comme" ! Tout le monde, dans toutes les situations, doit demander à Dieu la grâce d'aimer "comme" Jésus nous a aimés.

Ecoutez battre le cœur de l'enfant adopté. Il a un message à donner aux hommes. Un message non de mots, mais celui d'une expérience, incarnée, viscérale, poignante : il nous parle de l'amour et du Royaume de Dieu.

Quand la famille fait souffrir...

Les blessures reçues au sein de la famille apparaissent souvent comme inguérissables.
Il existe cependant un chemin de guérison.

"Ma famille est pour moi source de grandes souffrances ! "Combien de fois ce cri a-t-il retenti à nos oreilles de prêtres ! Et celui de ce petit enfant qui pleure en se confessant : "J'ai peur que mes parents se séparent. Ils se disputent tout le temps !"; celui de cet adolescent qui avoue sa haine pour son père parce qu'il fait souffrir sa mère ; celui de cette mère de famille qui n'est toujours pas reçue par sa belle-famille ; celui de ces fiancés malmenés...

Ce sont des gémissements souvent secrets, étouffés sous les convenances, derrière un héroïque sens du devoir ; ou des cris retenus, pour ne pas aggraver la situation.

Comment se fait-il qu'on puisse tant souffrir en famille ? Comment ce lieu qui normalement a été édifié sur l'amour pour donner la vie, est-il si souvent lieu de grande douleur et de profonde blessure ? Quelle attitude faut-il adopter ? Les questions se bousculent. Les réponses se font rares.

Dans ce domaine plus qu'en tout autre, celui à qui on demande conseil est démuni : il côtoie des blessures si graves qu'il n'a pas le cœur de délivrer un message lénifiant. Il prend acte de situations insolubles pour lesquelles aucune solution ne semble vraiment adaptée.

"Quand on s'est heurté aux quatre murs sans trouver de sortie, il faut sortir par le haut", disait un grand spirituel contemporain.

La famille... une réalité divine

Ces drames font d'abord prendre conscience que la famille, avant d'être une réalité sociologique, est une réalité divine. A force de ne vouloir lire la réalité familiale qu'au ras du sol, on est confronté à des impasses qui amènent à douter de la validité du modèle familial. Avant de se demander comment sortir de ces impasses, il faut se demander comment ne pas y entrer.

Le message s'adresse donc d'abord à ceux qui sont à la veille de fonder une famille ; à ceux qui, peut-être, ont été blessés par leur famille, au point de se demander s'ils doivent s'engager dans un modèle qu'ils ne veulent pas reproduire.

Mais il s'adresse aussi aux plus anciens, à ceux qui souffrent, à ceux qui font souffrir, enfermés parfois dans une logique absurde.

On ne peut pas se payer de mots, proposer des "y a qu'à". Il faut simplement alerter les jeunes et les inviter, au moment de s'engager, à tirer une double leçon de cette douloureuse réalité. S'ils refusent de se laisser enfermer dans des situations trop vite insolubles, il vaut mieux dès le départ, prendre les mesures nécessaires. La première est réaliste ; la seconde, mystique.

La nature et la grâce

Fonder une famille, c'est s'engager dans une aventure spirituelle qui réserve autant de combats et d'embûches que la vie monastique, si l'on accepte de les considérer l'une et l'autre comme une réponse à la vocation divine.

Or, toute vocation, qu'elle soit appel à la vie retirée du monde ou inscrite dans le monde, s'adresse toujours à des êtres de chair et de sang, qui ont un corps et une psychologie que la grâce divine ne remplace pas.

Il faudra donc non seulement s'en accommoder, mais les convertir, les rendre évangéliques : c'est un travail qui commence au premier jour et qui ne doit jamais relâcher son effort. La vie de famille est un terrain privilégié où annoncer et vivre l'Evangile.

Il faut évangéliser nos esprits, comme il faut évangéliser nos corps, nos humeurs, nos réflexes, nos convictions, nos attitudes, nos comportements, nos caractères.

Le Christ est venu sauver ce qui était perdu. Il est venu humaniser ce qui a tendance, en s'éloignant de Dieu, à retourner à la barbarie.

Le sacrement de mariage ne résout pas à lui seul tous les problèmes psychologiques que rencontrent un homme et une femme. L'amour lui-même, si beau, si fort soit-il, doit être converti. Il doit devenir cet amour de charité que chante saint Paul.

Beaucoup de fiancés choisissent ce texte pour leur messe de mariage, mais il ne faut pas se contenter de le lire en roucoulant bêtement !

Bâtir une famille sur l'amour de charité implique une forme d'héroïsme,

cette héroïcité des vertus requise pour être canonisé. Mettre en œuvre cette charité qui "est longanime, serviable, pas envieuse, ne fanfaronne pas, ne se gonfle pas, ne cherche pas son intérêt, ne s'irrite pas, ne tient pas compte du mal, ne tient pas compte des injustices, mais qui met sa joie dans la vérité" (1 Col 13, 4 ss.), n'est pas une mince affaire. C'est un vaste chantier. Il faut le prendre très au sérieux.

Les jeunes qui s'engagent à fonder une famille, ou dans la vie religieuse, doivent savoir qu'ils ne se débarrasseront pas si facilement d'eux-mêmes. Ils devront vivre avec leur tempérament et celui de l'autre, ou des autres.

Cela ne va pas sans beaucoup d'abnégation et de renoncement. Cela ne va pas sans une grande noblesse d'âme, dont le modèle définitif a été donné par le Seigneur lavant les pieds de la famille spirituelle qu'Il vient de fonder.

Des relations spirituelles

La seconde résolution que doit prendre celui qui fonde un foyer est d'instaurer, dès le départ, des relations spirituelles avec les divers membres de sa famille.

Le danger serait de s'en tenir aux relations que les automobilistes entretiennent entre eux ! Ils n'ont pour l'autre aucune considération. A vrai dire, l'autre n'existe que comme gêneur ou comme agresseur. Tout ce qu'il fait est mal fait. Il est un danger public. Il n'a jamais appris à bien (se) conduire. Il mérite les pires injures et les noms d'oiseaux les plus sonores. Ce n'est pas un ami. Il n'a ni visage, ni excuse, ni raison d'être.

Dans la famille, il faut prendre la ferme résolution avec la grâce de Dieu, de considérer l'autre, celui qu'on aime comme celui qu'on a du mal à supporter - cela peut arriver -, comme un ami de Dieu. Je lui dois le respect que Dieu lui porte. Je dois être plus prompt à lui pardonner ou à lui demander pardon, qu'à l'injurier et à le classer dans le dossier des irrécupérables. Je dois le tenir pour meilleur que moi. Je suis à son service, et non lui au mien.

S'il en profite, me direz-vous ? Eh bien, souvenez-vous alors que le serviteur n'est pas plus grand que son maître (Jn 13,16).

On entend déjà les grincements de dents des lecteurs que ces paroles irriteront : ils les trouveront trop dures, irréalistes, tout justes bonnes pour les anges. Qu'ils se souviennent que déjà les disciples de Jésus,

face à ses exigences sur le mariage, lui avaient opposé une fin de non-recevoir : "S'il en est ainsi de la condition de l'homme envers la femme, il n'est vraiment pas urgent de se marier" (Mt 19, 11).

Et si, malgré toutes ces précautions, la vie devient tout de même très difficile dans la famille, au point qu'on en arrive à se demander ce qu'il faut faire : accepter en silence, faire la guerre, rompre ou quoi ? Sans doute faudra-t-il se rappeler que parfois le Diable s'en mêle, et que seuls les grands moyens spirituels pourront en venir à bout, avec le jeûne et la prière, la sainteté de sa vie, le don et l'oubli de soi. La vie de famille n'est-elle pas une voie de sainteté ?

Comment savoir si j'ai une vocation religieuse ?

A quoi reconnaît-on qu'on a une vocation religieuse ? Question difficile mais qu'il ne faut pas esquiver.
Il faut essayer d'y répondre... au risque de ne pas satisfaire tout le monde ! L'histoire de chacun diffère et il y a plusieurs façons d'aborder la question.

Ceux qui ont derrière eux une longue vie religieuse pourront témoigner de l'originalité de leur aventure spirituelle.

Pour l'un, il a entendu un appel intérieur dès sa prime enfance. Avant même de pouvoir l'exprimer, il a su qu'il consacrerait sa vie à Dieu. Mais il ne le racontera que bien plus tard, après des années de fidélité !

Pour un autre, et ils sont nombreux dans cette catégorie, c'est dans la mouvance du sacrement de la confirmation qu'ils ont perçu cet appel. Ils n'y ont peut-être répondu que bien plus tard, mais ils savent au fond d'eux-mêmes que l'appel remonte à la célébration de ce sacrement, si riche.

Pour d'autres, le Seigneur a fait irruption dans leur vie de façon imprévisible : ils se préparaient à une toute autre existence et ils ont été saisis !

Tout cela pour dire qu'il y a autant d'histoires personnelles que de personnes. Et, on ne peut juger de la véracité d'un appel qu'à la fin de sa vie : c'est à notre mort, dit la Bible, qu'on juge la vie d'un homme !

En attendant comment faire ?

D'abord, évitons les formules toutes faites : tout le monde a une vocation, tout est vocation ! C'est évident : Dieu appelle chacun à la conversion et à mener une vie de baptisé aussi intense que possible. C'est vrai aussi : toute forme de vie est d'une certaine manière une vocation : que ce soit celle du mariage, ou celle de rester célibataire. Là n'est pas la vraie question.

A quoi reconnaît-on cet appel quand on renonce à fonder sa propre famille pour entrer dans une famille religieuse ? Avant tout, il faut

croire que cet appel existe : il n'est ni factice, ni forcé et ne vient pas de l'extérieur !

Tous ceux qui sont entrés en vie religieuse peuvent l'attester : à un moment donné, ils ont su qu'ils étaient appelés. C'est une chose mystérieuse. Mais pas plus mystérieuse que l'appel amoureux. A quoi sait-on qu'on épousera (si Dieu le veut) telle personne ? Il serait bien audacieux de donner un descriptif minutieux, une sorte de liste type !

Dans le cas de la vie religieuse (sans parler de la vocation du prêtre diocésain qui est d'une autre nature), il faut que se rencontre une conjonction de forces.

– D'abord cet appel vient de l'Esprit Saint. Nul ne le commande, ni pour soi, ni pour un autre. L'Esprit souffle vraiment où il veut, quand il veut et sur qui il veut, Jésus l'a dit. Nous n'en sommes pas les maîtres ! Et la rencontre s'opère dans les circonstances les plus diverses : lors d'une prédication, au cours d'une retraite, après un

pèlerinage, sous l'influence d'un ami ou d'un religieux, en lisant un livre, etc.

– Ensuite, cet appel intérieur doit tomber sur la bonne terre de notre cœur. Il faut qu'il soit entendu et alors il provoque la question : pourquoi pas moi ? Pourquoi ne réaliserais-je pas ce qu'ont réalisé saint François ou saint Dominique : mener une vie sainte, consacrée au Seigneur ? Cette question peut être enfouie au départ, mais elle devient de plus en plus forte jusqu'à ne plus pouvoir être cachée ni tue !

Comme l'amoureux qui a perçu l'appel de l'objet de son amour et désire y répondre. Et avec une telle force qu'il est prêt à déplacer toutes les montagnes qui obstrueraient son chemin ! De même pour celui qui entend l'appel du Seigneur : rien ne pourrait l'arrêter dans la réalisation de ce qui devient sa "passion" : "Va, vends tous tes biens, et suis-moi !"

Il faut savoir où aller !

Il ne suffit pas en effet d'être amoureux en général : il faut qu'il y ait quelqu'un à aimer ! La question est donc : où réaliser sa vocation ? Dans certains cas, la question ne se pose pas. On a connu telle famille religieuse dans laquelle on désire entrer : l'appel est né dans son rayonnement et à ses côtés. Il s'épanouira en elle.

D'autres vont s'interroger. Comment orienter cette force qui les pousse à donner leur vie à Dieu, à aimer plus que tout ? Où réaliser ce grand projet ? Dans la vie contemplative ou dans la vie apostolique ? Ce sont deux formes de vie bien différentes.

Dans un cas, on part au désert pour y vivre avec le Seigneur dans le silence et la prière. En servant ses frères (ou ses sœurs), on porte toute l'humanité dans son cœur.

Dans l'autre, on se prépare à un service particulier dans l'Eglise, tout en menant une vie aussi sainte et aimante que possible : service de prédication, service missionnaire, soin des malades, service des pauvres ou éducation des enfants... Inutile de dire que même dans ces deux grandes catégories, il y a encore une multitude de réalisations très diverses pour répondre à l'amour personnel du Seigneur.

Mais il ne faut pas s'inquiéter. Le Seigneur lui-même se charge de nous déterminer et de mettre sur notre route les signes dont nous avons besoin pour choisir. Le jour arrivera, sans vouloir précipiter les événements, où on sentira qu'à tel endroit, dans telle maison, avec telle communauté, on est chez soi, on est "arrivé". Il n'y a plus besoin ni de chercher ni de partir ailleurs.

Trois remarques

1 Celui qui aime le Seigneur et qui se sent appelé par Son amour à lui consacrer toute sa vie, celui-là est prêt à tout donner pour cet amour, à lui sacrifier son avenir dans la gaieté de cœur, et à n'avoir ni conjoint, ni enfants, ni famille. A Lui sacrifier sa liberté personnelle en renonçant à faire de sa vie ce qui lui plaît... à suivre d'abord le plan d'amour radical de Dieu sur lui, en s'en remettant à sa sainte Providence.

Tout cela peut être envisagé avec terreur par quelqu'un qui n'y est pas appelé ! Au contraire, c'est une immense joie pour celui qui a la vocation. C'est le bon critère de discernement : si tu ne te sens pas heureux (et très profondément heureux !) à la perspective de cet engagement, tu peux te dire, sans risque de te tromper, que tu n'es pas fait pour cette vie. Même chose dans le cas des fiançailles !

2 Deuxième remarque : il y a des critères objectifs et des critères subjectifs qui aident à te déterminer. Les critères subjectifs tiennent à notre personne. Le Seigneur respecte infiniment notre liberté. La réponse à l'appel est une affaire personnelle. Il faut se déterminer librement et personnellement.

A chacun de savoir s'il choisit cet appel ou non. L'aventure du jeune homme riche de l'Evangile qui entend l'appel du Christ et qui n'y répond pas est très libératrice. Avec quelle liberté nous sommes traités !

Osons dire avec audace que s'il y a eu si peu de vocations ces dernières années, ce n'est pas parce que le Seigneur a moins appelé, mais parce qu'on y a moins répondu.

Dans le temps, il y a eu bien des vocations forcées (des mariages aussi !). Beaucoup de femmes et d'hommes se sont sanctifiés dans une forme de vie pour laquelle ils n'étaient pas faits. On doit les admirer, mais de là à les imiter !

Quant aux critères objectifs, ils sont plus simples. La famille religieuse a son propre mode de vie, outre les obligations communes à toutes les formes de vie religieuse. Est-on fait pour le célibat, pour l'obéissance et la pauvreté, pour la vie commune, pour le travail manuel ou le travail intellectuel, pour soigner les malades ou pour cultiver la terre, pour réciter l'Office avec la communauté toute entière ou au contraire le dire en privé, pour apprendre les langues étrangères ou pour vivre dans l'anonymat d'un ermitage, etc. ? A chacun de voir !

Le Seigneur a donné à chacun les dons et talents dont il a besoin. Et que personne ne cherche à faire, ce pour quoi il n'est pas fait !

3 Pour répondre à toutes ces inévitables questions, il faut se faire aider !

Avant d'être capable de discerner pour son compte personnel, il faut accepter les lumières de ceux qui ont reçu cette grâce du discernement. Celui qui se sent appelé à donner sa vie au Seigneur, devra apprendre à pratiquer deux vertus difficiles : l'obéissance et l'humilité. Tout vrai maître spirituel commencera par enseigner à celui qui se confie à lui, à pratiquer ces deux vertus indispensables. L'obéissance, parce qu'il peut y avoir beaucoup d'orgueil à penser qu'on est appelé à une vocation malgré tout exigeante. Il faudra renoncer à beaucoup de soi-même pour porter le joug du Seigneur, même s'Il le dit léger.

Quant à l'humilité, elle est liée à l'obéissance. Pour obéir, et obéir du fond du cœur, sans murmure, sans hésitation, sans restrictions mentales, il faut accepter d'être comme un petit enfant dans les bras de sa mère, ce qui n'est pas évident pour un adulte duquel, par dessus le marché, on attend qu'il ne renonce pas à sa maturité !

Devenir humble, comme le Christ Jésus est humble, devenir obéissant, comme il a été obéissant à son Père, qu'Il a aimé jusqu'au bout. Voilà un programme pour toute une vie. L'apprentissage commence dès le début. Il se fait entre les mains d'un maître, qui n'est pas maître en son nom, mais au nom du Christ, le seul Maître.

Finalement pour savoir "si l'on a une vocation religieuse", il faut interroger quelqu'un qui est apte à vous répondre.

Vocation, vous l'avez compris veut dire appel ! Cet appel est réel. Celui qui est appelé doit l'entendre et y répondre. Mais il ne saurait le faire sans faire vérifier l'authenticité de cet appel. Qu'il ne s'inquiète de rien, le Seigneur pourvoira !

Nous avons besoin de prêtres

Nous sommes tous appelés à être saint, comme Jésus est saint, selon notre vocation particulière. Si nous ne recevons pas tous l'appel à devenir prêtre, cet appel concerne en fait tout le monde !

Une idée tend à s'imposer comme évidente : il n'y a plus de vocations ! De là à penser qu'il y aura de moins en moins de prêtres, et même plus de prêtres du tout !...
Ce postulat admis, on s'organise pour faire face à une situation nouvelle : puisqu'il n'y aura plus de prêtres très bientôt, comment vivrons-nous demain sans prêtre ? Bâtir des communautés sans prêtre, dans lesquelles les baptisés se suffiront à eux-mêmes, a été proposé au départ comme un pis-aller ; cette solution devient une orientation.

Ce n'est ni bon, ni juste. Une communauté chrétienne, de la volonté même du Seigneur, ne saurait survivre sans le ministère sacerdotal. C'est ce que rappelle le Concile Vatican II : "Le Seigneur, voulant faire des chrétiens un seul corps, où "tous les membres n'ont pas la même fonction" (Rm 12, 4) a établi parmi eux des ministres qui, dans la communauté des chrétiens, seraient investis par l'Ordre du pouvoir sacré d'offrir le Sacrifice et de remettre les péchés, et y exerceraient publiquement pour les hommes au nom du Christ la fonction sacerdotale ".

"Suis-je appelé à devenir prêtre ?" Aujourd'hui, sur leur "carnet de route "les jeunes chrétiens sont appelés à entendre la question que le Seigneur leur pose : "Suis-je appelé à devenir prêtre ? Ne suis-je pas appelé personnellement à me mettre au service de l'Eglise, à la suite des apôtres ? Si non, quel est mon rôle ?"

Nos prêtres vieillissent, ils sont de plus en plus surchargés, ils sont accablés de responsabilités lourdes à assumer. On manque de prêtres pour l'accompagnement spirituel, comme pour la mission là où l'Evangile n'est ni annoncé, ni célébré. Les communautés ne se réunissent plus parce que manquent les pasteurs pour les rassembler. Va-t-on laisser la situation se dégrader ?

Carnet de Route

La tempête fait rage

C'est lorsque la tempête fait rage qu'il faut faire corps. Tous doivent s'y mettre. Tout le monde n'est pas appelé à être prêtre, mais le manque de prêtres touche tout le monde ! Il faut donc que chacun prenne sa part de responsabilité. Il ne suffit pas de faire une petite prière en espérant que les autres vont s'y mettre. Il faut aider réellement ceux qui sont appelés et qui pensent s'engager.

Désirer des prêtres

Il serait parfaitement injuste de se croire que ceux qui ont accepté de répondre à l'appel du Seigneur n'avaient plus besoin de rien, comme s'ils étaient sur des rails une fois pour toutes. Les séminaristes et les jeunes prêtres ont souvent le sentiment d'être très seuls. Ils sont à la barre du navire. On leur jette un petit coup d'œil pour voir s'ils sont toujours là. Et tant qu'ils tiennent le coup, on ne s'en occupe pas. S'il leur arrive de lâcher, on aura plus vite fait de critiquer que de s'interroger !

Aujourd'hui, dans l'élan des JMJ, chacun doit s'interroger. Suis-je appelé ? Qu'ai-je fait pour examiner l'éventualité de cet appel ? Et si je ne suis pas appelé à être prêtre, qu'ai-je fait pour aider ceux qui sont appelés ? Quelle part je réserve dans ma prière au soutien des jeunes vocations ? A quels sacrifices suis-je prêt pour aider ceux qui s'engagent ?

Quelle part de mon budget je consacre à la formation de ceux qui demain seront"à mon service"? Suis-je réellement solidaire de ceux qui ont la mission de constituer le Corps du Christ ? Que fais-je aujourd'hui pour les prêtres ?

Les psychologues parlent chez la femme d'un désir d'enfant. Ne pourrait-on pas parler pour les communautés d'un désir de prêtre ?

Il y a une façon d'envisager l'avenir qui dit clairement qu'on ne veut plus de prêtres. Il y a une autre façon de regarder l'avenir qui est de se mobiliser pour mériter d'avoir des prêtres.
Les jeunes gens qui sont appelés auront d'autant plus de zèle, qu'ils se sentiront désirés, attendus, aidés et aimés. La communauté a besoin de pères spirituels. Mais avant d'être un père, il faut avoir été un fils. La communauté doit désirer avoir des fils qui un jour deviendront des pères sous peine de n'avoir ni l'un ni l'autre.

Entourer les prêtres

Il fut un temps où il fallut persuader les prêtres qu'ils"ont à reconnaître sincèrement et à faire progresser la dignité des laïcs et leur rôle propre dans la mission de l'Eglise". Voici venu le temps pour les baptisés de reconnaître sincèrement et de faire progresser la dignité des prêtres et leur rôle propre dans la mission de l'Eglise. Car comme dit toujours le Concile : "De leur côté, les Chrétiens doivent être conscients de leurs devoirs envers les prêtres, entourer d'un amour filial ceux qui sont leurs pasteurs et leurs pères, partager leurs soucis, les aider autant que possible par leur prière et leur action : ainsi les prêtres seront mieux en mesure de surmonter les difficultés et d'accomplir leur tâche avec fruit".

Chaque année, la journée mondiale de prière pour les vocations est un appel à la mobilisation générale.

La vocation au celibat

De toutes les vocations, la plus difficile à comprendre est certainement la vocation du célibat consacré. On se demande comment des jeunes, pleins de vitalité, peuvent envisager sereinement de s'engager dans un renoncement pareil ! Spontanément quand on parle de célibat, on pense au renoncement.

On connaît, bien sûr, le cas des personnes restées célibataires : certaines ont choisi cette situation, d'autres ont accepté plus ou moins volontiers cet état de fait, mais beaucoup l'ont subi. En général, on les plaint. En tout cas, on ne les envie pas. Peut-on décider de sang froid de rester seul toute sa vie ?

C'est pourtant une réalité. Depuis quasiment les débuts du christianisme, il s'est trouvé des femmes et des hommes, qui ont opté pour le célibat. Ils ont voulu suivre Jésus en L'imitant dans sa pauvreté, mais aussi dans son chaste célibat.

A vues humaines, c'est peu compréhensible. La raison s'oppose à ce choix. Elle ne le trouve pas "normal". Elle l'estime contre nature. Elle soupçonne quelque trouble psychologique inavouable, une peur de la sexualité, l'orgueil d'une visée héroïque.

D'ailleurs, Dieu lui-même ne dit-il pas dans la Bible : "Il n'est pas bon pour l'homme de rester seul. Il faut que je lui fasse une aide qui lui soit assortie" (Gn 2, 18) ? Le même livre ne commente-t-il pas, quelques lignes plus loin : "C'est pourquoi l'homme quitte son père et sa mère et s'attache à sa femme, et ils deviennent une seule chair" (Gn 2, 24).

Jésus citera ces versets de la Genèse pour affirmer que le mariage est bon, qu'il est voulu par Dieu. Loin de dénigrer le mariage, il le sanctifie, en fait une voie de sainteté, consacrée par un sacrement.

Une vocation... à cause du Royaume de Dieu

Pour comprendre la vocation au célibat consacré, on ne peut pas utiliser d'arguments humains. Surtout pas l'argument de commodité personnelle !, ni chercher à justifier. Le mariage est la situation la plus ordinaire, celle qu'a voulue le Créateur. Le célibat consacré n'a de sens qu'au vu de la

À MA CONSCIENCE
BRUNOR
À MA COMMUNAUTÉ
À MON PÈRE SPIRITUEL

sainteté du mariage. Dieu ne saurait-il pas combler autant qu'un époux, ou qu'une épouse, le mariage étant lui-même, avant tout, spirituel ? Dieu n'est-il pas digne d'être aimé, au point qu'on veuille lui consacrer sa vie ?

De même, une vie n'a de sens qu'animée par l'amour et la quête du bonheur. Le renoncement à l'épanouissement personnel n'est pas un idéal de vie. C'est le contraire du message évangélique.

Le célibat consacré est une vocation. Ce n'est pas un arrangement. Le projet vient de Dieu, pas des hommes. Dieu seul peut appeler à ce don radical de soi. L'homme ne le décide pas de son propre chef. Dieu appelle. Dieu garde. Dieu comble. Le célibat consacré est rempli de l'amour de Dieu.

Jésus l'a expliqué à mots couverts à ses disciples. Ils n'en revenaient pas. "Tous ne comprennent pas ce langage, mais ceux à qui c'est donné". Puis "Tout le monde ne se marie pas. Il y a des gens qui ne se marient pas, parce qu'ils ne peuvent pas. La nature ne leur a pas donné ce qu'il faut pour se marier. Il y a des gens qui ne se marient pas parce qu'on les en a empêchés. Ils subissent leur situation. Mais il y en a d'autres qui ne se marient pas à cause du royaume de Dieu !" Ce message était si peu évident, que Jésus conclut : "Comprenne qui pourra !" (Mt 19, 12).

Tout le monde ne peut pas comprendre. Non qu'il y aurait des gens intelligents, et d'autres, stupides. Mais il y a des gens qui entendent cet appel et le comprennent, d'autres qui ne l'entendent pas. Or, l'entendent ceux qui l'ont reçu.

Cet appel est fait pour quelques uns. A ceux-là, Dieu le fait comprendre. Ils ont bien du mal à l'expliquer. Ils doivent se l'expliquer à eux-mêmes d'abord, faire vérifier ensuite s'ils ne se trompent pas, voir enfin s'ils acceptent de relever le défi. Ils ne pourront le vivre qu'en s'en remettant totalement à Celui qui les appelés.

C'est une histoire d'amour. Un amoureux a toujours un mal fou à expliquer pourquoi il aime. Bien sûr, il a des raisons. Mais, au fond, il n'y a pas de raisons véritables. Pendant les fiançailles, il va vérifier si cet amour est vrai, voulu par Dieu. Est-il bien dans sa vocation ?

De même, pour la vocation au célibat consacré, dans la vie religieuse, dans le sacerdoce, ou dans toute autre forme de vie, celui qui entend l'appel doit vérifier s'il est vraiment happé par un immense amour. S'il utilise d'autres arguments pour s'expliquer à lui-même son choix, il sera bien inspiré de réfléchir encore. En effet, il n'y a pas d'argument humain qui fasse vraiment le poids. Humainement, il faut l'admettre, c'est une folie ou une présomption !...

Dieu invite à l'impossible

Il faut se souvenir de ce qui est arrivé au vieil Abraham. Dieu lui annonce qu'il va avoir un enfant, malgré sa vieillesse. Abraham opte alors pour les moyens humains, raisonnables : il se tourne vers sa servante encore jeune.

Mais Dieu n'en veut pas, car cela, tout le monde peut le faire. Ce que Dieu veut, c'est ce qui est "impossible". Il veut qu'Abraham ait un enfant de sa vieille femme !

Et la Vierge Marie ! Quand l'Ange lui annonce qu'elle sera mère, elle ne manque pas de lui faire remarquer que cela paraît bien difficile étant donné sa situation ("Et comment cela sera-t-il puisque je ne connais point d'homme ?"). Et l'ange ne manque pas de lui dire, de la part de Dieu, que "rien n'est impossible à Dieu" (Lc 1, 37).

Avec le célibat consacré, nous sommes sur le même registre. Celui qui se sent appelé à imiter Jésus célibataire, en consacrant sa vie dans un chaste célibat, ne cherche pas d'arguments contraignants à opposer à ceux qui lui font des objections. Comme Marie, il est troublé par ce que le Seigneur lui demande. Et s'il se trompait ? Il sait qu'il est faible. Il sait aussi que rien n'est plus beau que de fonder une famille. Il a en lui des demandes d'affection, il sait qu'il les réalisera, car il est habité par un amour plus fort que tous les autres. Sa force réside dans la confiance qu'il fait à la volonté et à l'amour du Père.

La vocation au célibat consacré est un appel au bonheur. C'est une vocation à l'amour. Il en est de ce célibat comme du mariage : il suffit d'être dans sa vocation. Celui qui agit avec une divine prudence répond avec joie à Celui qui lui demande sa parole : "Qu'il m'advienne selon ta parole !". Et celui qui ne revient pas sur la parole donnée reçoit tous les jours de sa vie les grâces dont il a besoin, la joie profonde, et... le centuple promis : Dieu est fidèle !

Les pré-fiançailles

Différent du temps du mariage, le temps des fiançailles est un temps qu'il faut prendre au sérieux. Par conséquent, avant même d'être fiancé, on se pose bien des questions. En particulier, comment va-t-on se comporter avec celui que l'on a élu dans son cœur, avec lequel on n'est pas encore engagé ?

Un temps de conquête

Commence alors un temps d'étude réciproque que certains appellent le temps de la conquête ou de la parade ! C'est un temps qui serait parfaitement merveilleux, si ne planait sur lui la menace de ne pas avoir de suite.

En effet, c'est la règle d'or du temps des fiançailles que de rester libres et de ne s'engager que si l'on est prêt à se donner complètement. A plus forte raison pendant ce temps qui précède les fiançailles.

Il faut que l'un comme l'autre puisse reprendre sa liberté. De tout son cœur, on espère que cela n'arrivera pas. Mais il faut se dire que cela peut arriver et l'accepter.

Autant le lien du mariage est un lien indissoluble que la grâce du Seigneur fortifie, autant cette période préparatoire laisse-t-elle à chacun toute sa liberté.

Sauvegarder la liberté de chacun

C'est au nom même de cette liberté que les relations sexuelles doivent être totalement exclues durant ce temps. Ce n'est pas au nom d'un code de morale, mais au nom du sérieux de l'engagement qu'est le mariage, que nous exhortons à cette continence. C'est que la relation sexuelle, surtout dans ce contexte de jeunesse passionnée, n'engage pas seulement une, mais deux personnes. C'est un don de soi qui va bien au-delà du simple plaisir qu'on espère y trouver. Et il y a certains dons qu'on ne peut pas reprendre. On peut reprendre un cadeau, comme une bague, et même une parole donnée à la légère. Mais on ne peut ni rendre ni reprendre ce don de soi que l'on a fait dans cette union qui unit les cœurs en même temps que les corps.

Si la relation sexuelle n'était qu'un simple exercice de santé, on ne verrait pas en effet pourquoi s'en priver. Et il est très facile d'y inciter la jeunesse qui n'a qu'une envie : voir comment ça se passe et se faire plaisir. Et quant aux dégâts qui peuvent s'en suivre dans les couples quelques années plus tard, on n'en parle plus sinon dans les cabinets des psychiatres, chez les conseillers conjugaux, ou quelque prêtre, tous ayant bien du mal à guérir certaines blessures qui ont laissé des cicatrices indélébiles.

Si l'on respecte la liberté de l'autre, si l'on veut garder sa propre liberté, il faut savoir ne pas aller jusqu'à cette union qui scelle le contrat du mariage et le rend indissoluble.

Un temps vraiment merveilleux... à exploiter !

Dans ce climat de liberté, chacun trouve un immense plaisir à la fréquentation de l'autre. C'est une période où l'on désire être le plus souvent ensemble, ce qui ne manque pas d'inquiéter les parents. On a mille choses à se dire. On est heureux de vivre ensemble de grandes choses, de rêver ensemble et de cueillir le jour comme il vient.

Les plus jeunes nous demandent souvent si c'est mal de vivre cet amour naissant. Où serait le mal, si l'on respecte la ligne de conduite que nous avons tracée ?

Certains adultes qui ont la mémoire courte, ne souhaitent pas que leurs adolescents vivent ce qu'ils appellent des amourettes, même si les jeunes les prennent très au sérieux. Il nous semble que la compréhension vaut mieux que le soupçon.

Bien souvent les plus jeunes attendent de leurs aînés qu'ils les aident discrètement à vivre et à bien vivre ces moments merveilleux où ils aiment de toute la pureté de leurs cœurs.

Que les plus jeunes trouvent autour d'eux un climat de confiance mutuelle établi dès le plus jeune âge ! Il exclut le soupçon et donc la tromperie. Qu'ils trouvent en famille la possibilité de se parler sans craindre l'indiscrétion qui force les confidences. Et si ce n'est pas possible, il est bon alors de trouver un relais intermédiaire : les parents d'un copain, un prêtre ou un éducateur. Souvent les parents que les copains trouvent formidables, n'ont pas avec leurs enfants la même qualité de contact. Que ni les parents, ni les jeunes ne s'en alarment et qu'ils trouvent plutôt un bon intermédiaire !

Oui, aujourd'hui peut durer !

Dans ce climat sain et porteur, les plus jeunes pourront vivre leur expérience. Ils ont tout à apprendre et tout à découvrir.

Ils se savent fragiles et menacés. Ils portent en eux, souvent enfouie sous des tonnes de silence, la peur de se tromper et plus encore d'être trompés. Ils veulent se donner avec une générosité toute neuve et pas encore écornée.

Et ils tremblent de se voir embarqués dans quelque Dallas provincial, cette jungle mondaine où l'on ne respecte ni l'amour, ni l'honneur, et où la vie n'est que mensonge et comédie.

Ainsi les plus jeunes en arrivent-ils à penser qu'une fréquentation de trois mois est un exploit de durée. Mais ils sont persuadés que la durée n'est pas possible. Et cette crainte, enracinée dans leur mentalité, leur fait très mal.

Aussi faut-il leur dire, que ce que vous construisez lentement, avec patience, avec prudence et enthousiasme, peut durer très longtemps. N'imaginez pas trop ce que sera demain, ni pour l'embellir, ni pour le noircir.

Demain s'occupera de lui-même, dit Jésus. Et demain sera merveilleux, si aujourd'hui est heureux. Car demain ne sera qu'un aujourd'hui comme celui de ce jour si chaque jour tient son cap.

Il ne faut pas jouer avec son cœur. Il est fragile. Malmené, il craque. Bien mené, il s'épanouit. La vie est devant vous. Il faut lui faire confiance !

Eduquer la confiance

Faire confiance et mériter confiance, voilà une bonne règle de conduite.

Avant tout, faire confiance au Seigneur qui veut notre bien. Puis se faire confiance à soi-même, car nous avons en nous de quoi bâtir notre bonheur.

Vis-à-vis des autres, tout en restant prudent, pourquoi ne pas faire également confiance ?

En tout cas, dans cette période de pré-fiançailles, faire confiance à celui que l'on aime et qui reconnaît nous aimer est une condition majeure pour s'engager dans l'avenir.

Et si, par malheur, l'autre en venait à trahir cette confiance, ou simplement à la menacer, ce serait le signe certain qu'il ne mérite pas qu'on s'attache à lui.

Voilà tout l'enjeu de cette période des débuts de la vie. Et tout son charme ! On regarde l'avenir en tremblant, on avance en tâtonnant, on espère le meilleur et on craint le pire. Mais l'on vit l'un des moments les plus beaux de son existence. Il ne faut ni le manquer, ni le gâcher !

Examine qui commande dans ta vie : ton corps ? ton cœur ou ta tête ?

Plusieurs fois, des jeunes m'ont interrogé sur ce temps qui précède les fiançailles. Parfois, ils ont lu des ouvrages sur la question *, sans avoir trouvé ce qu'ils cherchaient.

En fait, encore très jeunes, ils n'en étaient pas au temps des fiançailles. Ils s'en estimaient même loin. Or, ils se demandaient s'ils arriveraient un jour à vivre ce grand bonheur d'être fiancés.

"Comment, me demandaient-ils, savoir si cette rencontre est la bonne ? Comment savoir si on ne se trompe pas, s'il faut s'engager ?" La question se pose, surtout chez les plus jeunes. Nous allons tenter d'y répondre.

Les jeunes se demandent toujours, surtout s'ils ont de grands frères ou de grandes sœurs, fiancés ou mariés qui s'épanouissent, s'ils sauront eux aussi connaître pareille aventure. Ils en rêvent !

Ils ont peur de ne pas savoir saisir le bon moment, l'occasion favorable, de ne pas savoir dire ce qu'il faudra à ce moment-là. Parfois, plutôt que de rester tout seul toute la vie, ils seraient prêts à saisir la première occasion, quelle qu'elle soit. En même temps, ils ont tellement peur de subir un de ces échecs dont ils n'ont que trop d'exemples autour d'eux ! Toutes ces inquiétudes sont bien légitimes.

Pas de soucis avant l'heure !

Avant tout, il ne faut pas se faire de soucis avant l'heure. Ce n'est pas parce qu'on connaît quelqu'un qui n'a pas trouvé à se marier, qu'on ne se mariera pas. A chacun son histoire.

La première condition pour démarrer dans la vie est de faire confiance au Seigneur. Plus vous vous en remettrez à lui, et mieux vous vous en porterez. C'est lui qui est le maître du temps et des moments.

D'ailleurs, si vous êtes détendus et si vous accueillez dans la confiance ce qui pourra vous arriver, vous serez d'autant plus comblés. Les crispés ont tellement peur de l'avenir qu'ils s'aveuglent eux-mêmes... et loupent le coche !

BRUNOR

Se forger de fortes convictions

Ensuite, il faut se forger quelques fortes convictions personnelles. Voici la principale : ce doit être la tête qui commande.

Nous avons un corps ; il a ses exigences : il a faim, il a sommeil, il veut du plaisir, il n'aime pas souffrir.

Nous avons aussi un cœur : il bat pour un oui, pour un non, il vibre d'émotion au premier sourire un peu appuyé, il est sentimental et rêve de grandes aventures, il chavire parfois, et puis... il a ses raisons, pas toujours très raisonnables !

Mais nous avons aussi une tête, c'est-à-dire un instrument de réflexion qui nous permet d'apprécier les situations et de discerner ce qui est bon ou mauvais pour moi.

C'est avec ma tête, c'est-à-dire avec mon jugement, ma conscience et mon discernement que je suis appelé à prendre les décisions les plus importantes.
Ainsi, on peut échapper à ces trop nombreuses catastrophes qu'on constate autour de soi : l'un s'est laissé emporter par la passion, l'autre s'est embarqué sans réfléchir, le troisième n'a pas mesuré les conséquences de ses choix...

Le corps ?

On s'aperçoit que la décision est souvent prise, non par la tête, mais par le corps : il fallait satisfaire au plus vite une envie, une pulsion.

Quand il n'est question que d'un gâteau à la crème de trop, ce n'est pas trop grave. Mais, quand on s'embarque avec quelqu'un, simplement parce qu'on l'a fortement désiré, parce que son corps attirait mon corps, et que mon corps a imposé sa loi et que je n'ai pas pu résister, c'est beaucoup plus grave. Ces mauvaises décisions peuvent occasionner des blessures durables. C'est qu'elles n'ont pas été éclairées par la raison, elles sont commandées par les pulsions du corps.

Il ne faut pas écouter les faux prophètes qui installent partout des distributeurs de préservatifs à bon marché et qui disent : "Allez y gaiement ! Grâce à nous, vous ne risquez rien !" Ce sont des menteurs ! Ils vous trompent. Ils ne vous aiment pas. Il aurait été plus honnête de dire : "si ton corps commande chez toi, alors protège-toi, car ce genre d'amour peut donner la déception, la mort".

Mais, si ce n'est pas le corps qui commande, un peu de réflexion te protégera de façon plus efficace.

Le cœur ?

Dans d'autres cas plus sentimentaux, et donc plus nobles, nous voyons des jeunes s'embarquer dans des aventures amoureuses, poussés par de forts sentiments. Ils écoutent leur cœur. "Quelle belle occasion, regarde comme il t'aime, comme il est gentil avec toi, comme il est beau, quels beaux yeux il a, et comme il est intelligent et débrouillard !..."

Le garçon se dit : "Jamais je ne trouverai quelqu'un qui me plaise autant, elle est formidable, elle est belle comme le jour, sa voix est mélodieuse, sa taille est parfaite et sa conversation pleine de charme..."L'un et l'autre se demandent ce qui pourrait les retenir de s'engager davantage. Le cœur est toujours tenté de prendre des décisions radicales. Il est tellement sûr d'avoir raison !

Il est tellement épris, qu'il n'a plus le recul nécessaire pour juger sereinement la situation. Lorsque des parents ou des amis se permettent de faire des remarques ou de voir à l'horizon des obstacles, il le prend très mal. Il est prêt à jurer qu'il ne se trompe pas : "La preuve, dit le cœur, c'est que j'aime !"Hélas, pauvre cœur, ce n'est pas une preuve. Les feux qui prennent le plus vite sont ceux qui s'éteignent aussitôt.

Mais, essayez de vous faire entendre de quelqu'un dont le cœur est aux commandes ! Devenu sourd, il n'entend plus rien. Rendu aveugle, il ne voit plus rien. Bloqué, il ne comprend plus rien. Le cœur est un bien mauvais conseiller. Il a besoin, pour ne pas s'égarer, de consulter la tête.

Le rôle de la raison

C'est la tête qui doit commander. L'homme a été créé capable de réfléchir, de peser le pour et le contre de toute situation. Il n'est pas obligé de se précipiter vers le premier appât comme le pauvre petit poisson qui gobe tout. Il n'est pas davantage contraint de suivre ses sentiments, s'il n'est pas raisonnable de les suivre.

Le but de l'éducation est justement d'apprendre à ne suivre, ni ses impulsions, ni ses pulsions, mais à réfléchir avant toute décision, surtout les décisions qui engagent une vie.

* Cf. par exemple, mon petit ouvrage *Les Fiançailles* (Le Sarment-Fayard)

Que dit ta raison ?

Ceux qui ont appris dès leur enfance à se maîtriser ont davantage de chance de ne pas se tromper dans la vie.

Maîtriser son corps consiste à ne pas se précipiter sur la nourriture ou sur la boisson comme le ferait un animal mal dressé. C'est savoir se retenir, voire se priver.

Maîtriser son corps, c'est lui refuser la satisfaction immédiate de tous ses désirs, le tempérer dans ses exigences de plaisir.

Maîtriser son corps c'est aussi réfréner sa colère, ses répulsions ou ses antipathies.

Maîtriser son cœur, c'est n'être pas sentimental à l'excès, au point de se laisser entraîner dans des situations inextricables.

Maîtriser son cœur, pour s'éviter à soi-même de grandes et cruelles déceptions.

Maîtriser son cœur, c'est être assez sage pour attendre que les ardeurs s'apaisent, que les tempêtes se calment et que le temps ait eu la possibilité de vérifier s'il est juste ou non de donner suite.

Avant de prendre quelque décision que ce soit dans un domaine aussi sérieux et délicat que l'engagement de toute une vie, il faut interroger sa raison.

Autrement dit, il faut réfléchir ! La tête, dans notre organisation intérieure, doit se comporter comme le chef de tout l'ensemble. C'est le chef qui est le commandant de bord.

Le chef, s'il est bon, commence par interroger ses subordonnés. Prendre toutes les décisions tout seul ou laisser ses subordonnés faire ce qu'ils veulent, ce sont là deux fautes de gouvernement !

Premier examen

Le chef commence par interroger le sous-chef, chargé des affaires matérielles : son rôle est primordial, mais il n'a pas la vision d'ensemble. Il doit donc être docile, sans quoi le bâtiment tout entier risque de prendre feu ou de couler, et personne ne pourra plus réagir. Ce sous-chef, c'est le corps.

Que dit mon corps quand il est au contact de cette personne ? Est-il content ou non ? Je dois être attentif à ses réactions. Autant je ne lui laisse pas les commandes, autant je dois tenir compte de ce qu'il dit.

Le mariage étant une aventure spirituelle qui prend chair, l'avis du corps est capital. Si le corps est content : "il (ou elle) me plaît, je suis heureux avec lui (ou elle), je me sens bien, etc." On peut passer à l'étage supérieur. Sinon, prudence !

Deuxième examen

Le chef doit ensuite interroger le sous-chef qui préside aux affaires sentimentales. Ce sous-chef, c'est le cœur. Son avis est également capital. Il serait bien fâcheux de ne pas en tenir compte, car c'est lui qui va décider de la question déterminante : est-ce que je l'aime ?

Autant il ne faut pas laisser le cœur décider tout seul, car il a une grande capacité à s'enthousiasmer et à s'aveugler, autant on ne peut rien faire sans lui. On ne saurait s'engager pour la vie avec quelqu'un sans l'aimer, tout le monde en sera bien d'accord.

Et pour que son cœur soit capable de mesurer l'enjeu et d'informer utilement la tête, il faut qu'il soit lui-même d'une grande prudence.

Aussi chacun doit-il se connaître pour éviter les fausses conclusions que lui dicte son cœur. Celui qui est très sentimental ne réagira pas comme le perpétuel hésitant. Celui qui, pour le moment, a plus besoin d'une maman que d'une épouse, ne réagira pas comme celui qui n'aime que la solitude et fuit toute société. Celui que le premier clin d'œil fait rougir, ne réagira pas comme celui qui tombe amoureux tous les deux jours. Il y a toute une éducation de son cœur à faire mais qu'on ne peut pas faire tout seul. Quand on est jeune on n'aime pas trop parler de son cœur à un conseiller, et pourtant rien n'est plus profitable. Si le cœur donne son accord, on peut passer à la suite. Mais rien n'est encore gagné.

Troisième examen

Il y a encore un autre examen à passer et c'est le rôle de la tête. L'homme est une créature douée de raison, capable de comprendre les situations, de discerner ce qui est bon ou mauvais pour lui à la lumière de son expérience, de l'Evangile, de la prudence, etc.

L'homme raisonnable constate qu'autour de lui tout ne se passe pas pour le mieux. Il voit un certain nombre de désastres dans les familles, et il n'a aucune envie de sombrer lui-même. Il va donc tenter de mettre le plus de chances possibles de son côté. Et c'est possible !

Avant de s'engager il doit se poser un certain nombre de bonnes questions. Et ne pas faire la sourde oreille si la réponse ne lui plaît pas. On ne détaillera pas ici la liste de toutes les bonnes questions possibles. A chacun de faire sa liste.

Mais pour donner un ou deux exemples, il me semblerait bien imprudent de s'engager dans le mariage avec quelqu'un dont on ne connaîtrait pas les convictions religieuses. Ne souriez pas !

On connaît bon nombre de couples n'ayant pas abordé la question, ni avant, ni pendant leurs fiançailles.

Or nous savons que le mariage est une aventure spirituelle. Il ne tient que s'il est enraciné dans des convictions religieuses, soutenu par des rites, exprimé dans un langage commun. Il doit avoir une visée qui décolle de la seule gestion du quotidien.

Et pour nous, chrétiens, c'est le Christ, celui que Jean-Baptiste appelle "l'époux", qui assure la solidité du lien conjugal. Hors de lui, nul ne peut tenir.

Au cas où il y aurait une divergence si grande qu'elle risque de devenir très vite insurmontable, il faut que la tête mesure s'il est prudent de s'engager.

Peut-être vaut-il mieux s'en apercevoir à temps et ne pas donner suite. Même si c'est douloureux, il vaut mieux rompre plutôt que de s'engager dans une prévisible voie de disputes et de se déchirer au point de ne plus durer ensemble.

Il n'y a pas de honte à être raisonnable !

Autre domaine, le milieu social et culturel. Là encore l'expérience confirme qu'il est bien imprudent de s'engager sans avoir posé la question. Il est vrai qu'il y a plusieurs réponses possibles, mais ne pas en parler peut entraîner des souffrances dont on ne pourra pas dire qu'elles n'étaient pas prévisibles.

Quand deux personnes de milieux culturels trop différents s'unissent, quelle est celle qui imposera à l'autre sa marque ? Et l'autre s'y retrouvera-t-elle ?

Au départ on dit toujours que l'amour sera le plus fort et qu'on se respectera. Si c'était si simple, on n'en ferait pas des romans !

Et il y a ainsi un grand nombre de critères objectifs à examiner. C'est la tête qui va dire : est-il bien raisonnable de m'engager dans le mariage avec cette personne étant donné ce que mon corps ressent, ce que mon cœur me dit, ce que je constate dans le domaine du comportement, du caractère, de la situation, du langage, de son rapport à l'argent, des liens avec la famille, de la conception de l'avenir, du désir d'enfants, des convictions religieuses, etc.

Si le candidat a bien passé toutes ces épreuves, si l'on est prêt à lui donner son accord, avant de dire le grand oui, il reste une dernière vérification à faire, indispensable : voir si la réciproque est vraie ! Car il faut être deux pour se marier... et que les deux aboutissent aux mêmes finalités !
Si c'est le cas, alors vous avez la réponse à votre question : "c'est lui, c'est elle, c'est vous".

Et n'allez pas croire que ce qui est décrit ici se déroule comme dans le questionnaire d'une administration. Tout est à la fois plus simple et plus confus.

Mais si l'on fait confiance au Seigneur, à de vrais amis, tout se passe bien. Encore faut-il avoir une maison bien rangée, avec un chef qui commande, et des sous-chefs qui jouent leur rôle, bien à leur place. La raison doit garder la maison !

Fiancé et chaste... c'est possible ?

Cette question répond à deux demandes : celle de groupes qui accompagnent des fiancés, décontenancés par la venue dans leurs sessions de jeunes vivant ensemble ; et celle de jeunes gens qui se demandent quelle est la justification de la continence durant le temps des fiançailles. Et ce n'est pas la pratique majoritaire, loin de là.

Dans la mesure où le temps des fiançailles précède le mariage, il devrait pourtant aller de soi qu'il ne saurait comporter ces "relations"propres au temps du mariage.

Les parents et, plus encore, les grands-parents, manquent d'arguments pour convaincre leurs enfants qu'il serait mieux pour eux de ne pas anticiper sur leur vie conjugale.

Ils se sentent dépassés par les événements. Les raisons qu'ils donnent ne sont pas suivies d'effet.

Il est toujours possible, bien sûr, de fermer les yeux, d'affirmer des principes ou de menacer. Rien de tout cela n'est bien satisfaisant.
Que dire ?

Prendre ou comprendre l'autre

Respecter la continence avant le mariage n'a rien à voir avec une quelconque méfiance vis-à-vis de la sexualité.

Au contraire, nous la tenons justement en haute estime. En effet, la relation sexuelle n'est pas une activité banale ; il ne faut pas la banaliser.

Il ne faudrait pas se laisser abuser par certaines radios qui entretiennent l'idée que la relation sexuelle ne porte pas plus à conséquence que de boire un verre entre copains ou de faire une partie de cartes sans enjeux. Ce discours est méprisant pour la sexualité humaine.

Dans les mentalités, on tend à faire de la sexualité une affaire purement individuelle : c'est ma vie, mes idées, mon plaisir !

Pour nous, la sexualité, comme la parole et comme tout ce qui est humain, (la pensée, l'amour), ne se conçoit qu'en vue d'établir une communion avec quelqu'un. Et il s'agit précisément de "relation", tant dans le domaine sexuel que dans le fait de

parler. Et comme dans tout langage, il s'agit moins de se faire plaisir à soi-même que d'entrer en communication.

Rien n'est plus insupportable que ces parleurs qui s'écoutent parler et qui se moquent bien de ce que leurs interlocuteurs ont à dire. La continence avant le mariage exprime mon désir de "connaître"l'autre. Je suis moins intéressé par moi, que par celui au service duquel je vais me mettre, en l'épousant.

Certes il est important que je m'exprime, mais il est plus important encore que je comprenne l'autre. Il y aura toujours deux catégories de gens, ceux qui cherchent à comprendre et ceux qui cherchent à prendre !

Parler - Ecouter

Dans la vie relationnelle, quelle qu'elle soit, rien n'est plus important que la parole. On l'a dit cent fois : en ce siècle de communication interspatiale, on ne sait pas se parler ! C'est pour cela qu'on ne "s'entend pas".

Contrairement à ce qui se dit couramment, l'échange sexuel n'est pas spontanément communiquant. Il faut d'abord apprendre à se parler. Car il s'agit d'un acte qu'une parole accompagne ! Le temps des fiançailles est le temps de l'apprentissage de la parole conjugale.

Rien n'est moins évident que de parler vraiment le langage de l'autre, d'être parfaitement à son écoute, de le comprendre de l'intérieur. Il y faut un long apprentissage et un réel oubli de soi.

Comme le disait un jeune père de famille lors d'une session de fiancés : "Dieu a parlé longuement à son peuple avant de prendre chair ! La parole des prophètes précède l'incarnation du Verbe".

L'expérience apprend que rien n'est plus vrai. Combien de couples s'effondrent, s'épuisent ou se lassent, ils n'ont jamais appris à communiquer. Ils entretiennent un de ces dialogues dits "de sourds" : tout le monde parle, personne n'écoute car chacun ne parle que de soi.

Ils ont (et encore pas toujours !) des relations sans paroles pour n'avoir pas vécu le temps béni de la parole sans "relations". La continence du temps des fiançailles appelle à ne communiquer que par la parole, en attendant cette autre communication que sera la mise en commun de deux vies. Le sérieux de la première est garante de la solidité de la seconde.

Le respect de la liberté

Le temps du mariage est le temps de l'engagement libre et irréversible d'un homme et d'une femme. Ils ne perdent pas leur liberté en se mariant. Au contraire, ils la mettent en œuvre.

Mais pour pouvoir vivre ce choix libre, il faut d'abord avoir eu la possibilité de ne pas faire ce choix. Le temps des fiançailles doit impérativement être celui où l'on respecte la liberté du choix de l'autre.

Si je veux que ton oui soit sans ombre, il faut que je t'aie réellement laissé la liberté de me dire non. Il faut donc écarter toutes les pressions qui pourraient forcer ton choix.

Il y a des pressions extérieures, difficilement maîtrisables comme celles, très fâcheuses, des familles.

Il est une autre pression. Celle qui consiste à créer avec l'autre des liens si intimes (précisément les liens de la vie conjugale), que toute rupture, s'il faut rompre, sera un douloureux arrachement.

Beaucoup de relations conjugales tournent court et font grand mal, parce qu'en anticipant par des relations sexuelles (qui ont aussi leur logique) des liens non encore assurés, on s'est privé de la légitime possibilité de ne pas s'engager. C'est vraiment respecter l'autre que de ne pas créer avec lui ces liens.

Non qu'ils soient suspects, mais parce qu'ils sont sérieux. Ils sont si forts qu'ils seront justement le liant de la vie conjugale.
On connaît les blessures que laissent dans les cœurs ces relations avortées qu'on avait cru solides puisqu'on s'était donné.

Union mystique

La continence durant le temps des fiançailles a enfin une visée strictement spirituelle. Pour nous, le mariage est avant tout une aventure spirituelle. Deux personnes vont unir leurs vies pour donner la vie.

Leur liens ne sont pas seulement charnels mais spirituels. Ou plutôt, dans cette relation unique qu'est la vie conjugale, le charnel est lui-même spirituel. La continence apprend à aimer l'autre pour lui-même. Je suis au service de son bonheur.

Le plaisir que j'ai à l'aimer, comme à être aimé de lui, relèvera de ce "centuple" dont parle le Seigneur Jésus. Il vient comme un supplément merveilleux qui me comble. Un surcroît de bonheur. Moins je l'ai cherché, et plus il me ravit. Plus je m'oublie, et plus je reçois.

Il y a une logique évangélique : celui qui veut tout prendre et tout garder, perdra tout, même ce qu'il a.
Mais celui qui pense à l'autre au mépris de soi-même, recevra infiniment plus qu'il n'a donné. Ce qui est vrai de nos relations avec Dieu est vrai aussi de nos relations amoureuses. Et c'est tout un. La continence du temps des fiançailles est un apprentissage de la vraie charité conjugale. La charité ne passera jamais.

La déception amoureuse

Devenir adulte, c'est apprendre à avancer malgré les déceptions inévitables.

Le lycée, domaine privilégié de la déception

Déception devant ses médiocres résultats ; déception de soi-même pour n'avoir pas saisi au bon moment, ou pour avoir manqué d'ardeur au travail ; déception car certains ne nous aiment pas comme on le voudrait, etc. Longue litanie des déceptions, à laquelle il faut ajouter la déception amoureuse. Comme dit le fabuliste : "ils ne mouraient pas tous, mais tous étaient frappés".

De toutes les déceptions, elle est certainement la plus cruelle, celle qui affecte le plus, celle dont on a le plus de mal à guérir. Est déçu celui ou celle qui pensait pouvoir compter sur la parole de l'autre, sur des promesses reçues, sur des gages donnés et qui ne récolte que du vent. Est déçue celle ou celui qui avait cru comprendre qu'on l'aimait et qui découvre qu'il n'en est rien. Sont déçus tous ceux qui ont le sentiment d'avoir été trahis, utilisés ou trompés dans les mots et dans les faits. La déception est d'autant plus profonde qu'on était allé plus loin dans le don de soi-même, avec cette spontanéité que d'aucun appellerait naïveté, et qu'on avait cru générosité.

La déception amoureuse est le degré majeur du manquement à cette vertu supérieure : la fidélité en amitié. Aussi y a-t-il des degrés dans la déception.

Pour les déceptions ordinaires, il suffira de respirer un bon coup, de remettre les choses à leur juste place et de repartir d'un bon pied.

Mais il y a plus grave : "Nous nous connaissons depuis deux ans, nous travaillons ensemble ; nous sommes partis ensemble en vacances ; il est venu à la maison ; mes parents l'ont accueilli ; nous avons parlé pendant des heures et nous nous sommes dit des choses tendres ; vraiment il me semblait que tout nous rapprochait. Ne m'a-t-il pas dit qu'il n'avait jamais aimé comme il m'aimait ? Ou l'ai-je imaginé ? Un jour, nous avions rendez-vous. Il n'est pas venu. Je n'ai pas tardé à apprendre qu'il en aimait une autre. Je me suis sentie classée au rayon des accessoires. Un sombre nuage s'est installé sur mon ciel. Qui pourra dire ce que j'ai souffert ?

La déception a été d'autant plus douloureuse qu'elle était pour moi comme un manquement à une parole, à une promesse ou à ce qui n'était peut-être qu'une espérance de promesse. La trahison m'est tombée dessus. Je ne suis pas actrice. Je suis victime, blessée dans mon amour-propre, dans ma confiance, dans ma dignité. Je suis d'autant plus affectée que je ne suis pas maître de la situation. Il y a quelque chose d'incompréhensible dans ce qui m'arrive. Je m'y attendais si peu. Peut-être ne voulais-je pas voir ce qui menaçait ? Le résultat est le même."

Des remèdes à ton malheur

1 Accepte ta douleur. Pleure, crie, gémis... un certain temps. Sur le moment la douleur peut être si forte qu'il n'y a rien d'autre à faire qu'à pleurer pour soulager son cœur blessé. Il est bon de prendre le temps de pleurer.

2 Ensuite, parles-en à quelqu'un de confiance : accompagnateur spirituel, adulte ou autre. Il faut à tout prix éviter le désespoir. En parler, non pas pour se complaire dans le malheur, mais pour en sortir.

Chercher les issues. La meilleure façon d'en sortir est toujours par le haut, en adoptant une attitude courageuse, en faisant confiance à l'avenir, en puisant sa consolation dans l'expérience de tous ceux qui ont été trahis et qui ont rebondi, des saints et des martyrs.

3 Après avoir bien ressassé, prends la décision de ne plus y revenir. On n'en parlera plus. On s'efforcera de n'y plus penser. Il ne faut pas gratter ses plaies, mais laisser la nature faire son travail de cicatrisation. Peut-être restera-t-il une cicatrice, peut-être sera-t-elle douloureuse par moments ? Mais la plaie est fermée.

C'est comme pour le deuil d'un être cher. Le deuil, c'est l'aveu public d'une séparation irrémédiable, c'est aussi une pratique de survie. On manifeste d'abord ouvertement sa douleur (dans sa tenue vestimentaire, par exemple), puis au bout d'un certain temps on change de tenue ou d'attitude, on manifeste que le deuil est fini : la vie reprend !

Il ne faut pas revenir sur le lieu du drame : pas de mauvaises rêveries, pas de complaisance dans le souvenir, pas de retour en arrière.

4 Il est bon cependant de voir plus tard sa part de responsabilité personnelle dans ce qui est arrivé. On gagne toujours à relire son histoire. Quel profit puis-je tirer de ce qui m'arrive ? En quoi me suis-je trompé ? A quoi serai-je plus vigilant à l'avenir ?

La vie continue. Le soleil se lève tous les matins. La vie est plus forte que la mort. Mon cœur est prêt pour un nouvel amour. Qu'il soit le bienvenu.

Il n'est sans doute pas inutile de se rappeler que, dans l'histoire du monde, celui qui a connu la plus grande déception amoureuse, c'est Dieu lui-même.

Toute la Bible est l'histoire de l'amour déçu de Dieu pour ses enfants. Mais jamais Il ne renonce à espérer qu'un jour quelqu'un l'aimera. Dieu est Lumière sur notre route.

La force d'une prière fervente

A la dernière page de son dernier carnet, sainte Thérèse de l'Enfant-Jésus fait une remarque d'autant plus précieuse qu'elle la puise, à bout de forces, dans le très fond de son énergie. Elle vient de demander à Jésus de l'attirer dans son amour, comme la limaille de fer est attirée par l'aimant. Puis, méditant l'évangile de Marthe et Marie, elle admire Marie aux pieds du Seigneur qui **"écoute sa parole douce et enflammée"**.

Thérèse note : "(Cela) tous les saints l'ont compris et plus particulièrement peut-être ceux qui remplirent l'univers de l'illumination de la doctrine évangélique. N'est-ce point dans l'oraison que les saints Paul, Augustin, Jean de la Croix, Thomas d'Aquin, François, Dominique et tant d'autres illustres amis de Dieu ont puisé cette science divine qui ravit les plus grands génies ?" C'est la prière qui leur a permis de faire de grandes choses.

"Le Tout-Puissant a donné pour point d'appui : **Lui-même et Lui seul** (c'est elle qui souligne). Pour levier : l'oraison [qui embrase d'amour] (ajouté par elle au-dessus de la ligne) ; et c'est ainsi qu'ils ont soulevé le monde. C'est ainsi que les Saints encore militants le soulèvent et que jusqu'à la fin du monde les Saints à venir le soulèveront aussi."

Jusqu'à son dernier souffle, sainte Thérèse aussi a rêvé de soulever le monde. C'était bien de son âge !

N'est-ce pas le rêve de la jeunesse que de changer le monde ? S'il y a des jeunes, dont l'horizon se borne à la réussite personnelle, qui n'ont aucun souci d'autrui, il y en a d'autres qui partagent le même enthousiasme que la jeune Thérèse. Ils l'ont manifesté lors des JMJ, à Paris.

Mais, comment réaliser ces grands projets, dans une société puissante à forger des mentalités, à manipuler les foules ? Les jeunes, même les plus décidés, risquent de baisser les bras devant l'immensité de la tâche.

L'oraison, c'est possible !

Sainte Thérèse donne la clef pour s'en sortir : s'appuyer sur l'oraison. Autrement dit, plus vous voulez en

faire, plus vous devez plonger dans ce qui vous donnera l'impression de ne rien faire : **l'oraison**. Plus vous voulez agir, plus vous devez vous reposer en Dieu. Plus vous êtes pressés, plus il est urgent de prendre du temps avec le Seigneur.

Faire oraison n'est pas une spécialité de carmélites ! L'oraison, c'est tout simplement passer du temps gratuitement avec Dieu. Ce n'est pas une question de longueur, ni de fréquence, ni de contenu. C'est une question de ferveur.

Celui qui aime tellement Dieu est heureux de passer un moment avec lui, comme une amoureuse aime passer un moment avec celui qu'elle aime, même si elle ne parle pas, même si ça ne dure pas, même si on n'a rien à se demander : c'est pour le plaisir !

Celui qui met de la ferveur dans sa prière, outre le bonheur qu'il a à passer ainsi un moment avec "Celui qui nous aime", expérimente que sans Lui il ne peut rien faire car il puise en Lui toute sa force.

Il apprend, dans le silence, qu'il est inutile de courir le monde ou de bâtir de grands projets, s'il n'a pas pris d'abord le temps de s'en remettre à Celui sans qui rien n'est possible.

A quoi servirait de labourer et de semer, si la pluie ne venait féconder la terre ?

Du cœur dans la prière

Bien souvent, ce qui manque à ceux qui veulent faire de grandes choses, c'est la ferveur dans la prière, la persévérance dans l'action. Car, la ferveur donne à la prière cette intensité sans laquelle elle risque de devenir obligation sans goût, routine sans âme, ou pire, un temps mort !

La ferveur donne du cœur à la prière. Elle fait de la prière une respiration indispensable, un acte de foi, un moment de bonheur.

A vrai dire, sans ferveur, il y a un grand risque d'abandonner l'oraison. En effet, personne n'aime s'embêter en priant. Personne ne souhaite perdre son temps. La ferveur donne à l'oraison sa saveur.

La ferveur est un des visages de l'amour que nous avons pour le Seigneur. C'est elle qui nous pousse à aller Le contempler dans l'oraison, à L'adorer et à nous en remettre à Lui, pour qu'Il nous montre sa volonté.

Les grandes entreprises mûrissent dans l'oraison. On y puise le courage d'aller au devant des dangers, d'affronter l'avenir, toujours incertain.

Rien sans le Seigneur !

Sainte Thérèse voulait changer le monde. Elle y est parvenue, mieux que d'autres. Elle n'a pas fait de grands discours sur la nécessité de changer les structures. Elle n'a pas réuni de commission pour envisager ce qu'il faut faire. Elle a plongé dans le cœur du Seigneur, au plus profond. Elle a répondu à son amour. Elle l'a aimé.

Dans les petites choses de la vie, elle a mis tout son amour, un amour dont elle puisait la force dans l'oraison.

Elle a mis une égale ferveur à prier le Seigneur qu'à aimer ses sœurs.

Voilà la route qu'elle nous montre. Il ne faut pas la quitter.

Une chose à demander au Seigneur : la ferveur dans la prière. Le reste vous sera donné par surcroît !

Sans Moi, dit Jésus, vous ne pouvez rien faire !

S'il est une parole éternelle, c'est-à-dire actuelle, c'est bien celle-là. Elle a traversé les siècles. En cours de route, elle a fait son œuvre. Avec le temps, elle a confirmé sa vérité. Elle arrive à nous avec toute la force de sa jeunesse. Et voilà qu'aujourd'hui, par ces mots, le Seigneur s'adresse à toi qui lis ces lignes.

Il te fait une de ces précieuses confidences (Jn 15, 5). Le Seigneur Jésus ne parle pas pour ne rien dire. Il ne dit pas cela au hasard. Il te le dit maintenant, au bon moment, comme une précieuse confidence, utile à la direction de ta vie ! Seul, tu ne peux rien, mais avec Lui tout est possible !

Plus que jamais aujourd'hui, il est urgent de te rappeler cet avertissement du Seigneur : il vaut pour toi, il vaut pour tout le monde, il vaut pour ceux qui sont tentés d'abandonner la foi en Lui. Il vaut pour ceux qui mettent en Lui toute leur confiance.

A ceux qui tremblent

Ceux qui vacillent dans leur foi, ceux qui ont commencé à ne plus pratiquer et qui ont déserté les sacrements, ne sont pas forcément des mécréants de grands chemins.
Ce sont souvent des gens de bonne volonté. Ils sont même parfois engagés dans l'Eglise. Ils peuvent avoir des responsabilités.
Ils ne sont pas épargnés par le doute. Ils ne sont pas épargnés par le sentiment courant que l'Eglise est en grand péril. Ils constatent autour d'eux une certaine désaffection pour la foi : les églises restent vides, fermées toute la journée sans que personne ne se plaigne, ou presque ; sans que personne ne se mobilise pour y assurer une présence.
Ils ne prennent pas à la légère les attaques dont l'Eglise, le Saint-Père, la liturgie, le message évangélique sont l'objet. Elles leur font peur, car ils en mesurent l'impact et la force de nuisance. Ils ne voient pas d'issue. Ils tremblent.
Ils voudraient bien se dire que ce n'est qu'un cauchemar passager. Mais la réalité s'impose. Et quand ils entendent déclarer : "le christianisme est fini", ils se demandent si ce n'est pas vrai et s'il vaut la peine de continuer.

Si tu es de ceux-là, sache que c'est à toi que s'adresse la parole de Jésus : "Sans moi, vous ne pouvez rien faire !" Sans Lui, tu es démuni. Sans Lui, nous sommes tous à terre. Nous sommes incapables de nous relever, et de nous en sortir. Nous ne maîtrisons ni l'avenir, ni même le présent. C'est vrai !

Mais voilà ! Que ne sommes-nous pas sans lui ? Le moment est venu de faire fond sur la parole de Jésus. Elle est la lumière qui éclaire toute ta maison. Elle vient habiter chez toi. Laisse-la entrer !

Ce n'est pas une parole refuge, ni une parole alibi, ni une parole paravent. C'est la parole vraie de Celui qui nous aime (Ap 1,5) et qui nous veut du bien. Il nous garantit que, même si à vues humaines nous avons de bonnes raisons de nous décourager, à vues divines nous n'en avons aucune de démissionner. Sans Lui nous ne pouvons rien faire. Mais avec lui rien ne nous est impossible (Mt 19,26) !

A ceux qui croient

Si tu as le bonheur d'avoir une foi vive. Si tu as gardé le goût de lire et de méditer la parole de Dieu, si tu es

fidèle à la confession et à la communion, si tu es un fils docile de l'Eglise, rappelle-toi, toi aussi, que sans le Christ tu ne peux rien faire.

Sois attentif à l'œuvre que fait en toi la parole du Sauveur. Sois sensible à la douceur de sa parole. Elle est comme une caresse qui te conforte, comme une bénédiction qui t'imprègne, comme un encouragement qui te valorise.

Rends grâce si tu es dans la paix, car sans Lui tu ne l'aurais pas ! Rends grâce si tes convictions sont fortes, car sans Lui tu ne saurais tenir !

Et rappelle-toi que Jésus n'a pas dit que les épreuves te seraient épargnées ; au contraire : "Vous serez haïs de tous à cause de mon nom !" (Mt 10, 22). Il n'a pas dit que nos affaires humaines prospéreraient, à la mesure de notre fidélité. Il n'est pas venu se mêler de nos questions d'héritage (Lc 12, 14), ni régler nos drames de famille ; au contraire : "Le frère livrera son frère à la mort. Les enfants se dresseront contre les parents" (Mt 10, 21). Il s'est fait l'un des nôtres, mais Il n'est pas venu prendre notre place et face au problème de la faim Il dit clairement à ses disciples : "Donnez-leur vous-mêmes à manger !" (Lc 9,13). C'est à tout instant que tu as besoin de Lui. Et s'il t'est donné de traverser serein les difficultés de l'existence c'est qu'Il est avec toi, car sans Lui tu ne saurais rien faire.

Et dans les ennuis

Et puis peut-être as-tu de graves soucis personnels, familiaux ou professionnels, peut-être vis-tu une situation humainement insoluble, un de ces drames qui écrase et dont on ne voit pas l'issue ? Peut-être connais-tu la tentation de te dire : "J'abandonne tout ! Je laisse tomber ! Je ne peux pas m'en sortir ! Il n'y a pas d'issue ! " Souviens-toi alors de cette parole providentielle que le Seigneur t'adresse : "Sans moi vous ne pouvez rien faire !" Le moment est venu de raviver en toi la parole du Christ. C'est lui qui tient la solution de ton problème. C'est lui seul qui peut te donner la force de tenir dans les turbulences. Mais encore faut-il que tu te reconnaisses vraiment pauvre, démuni, incapable. Car alors seulement tu feras l'expérience que sans Lui tu ne peux rien faire. Alors tu apprendras que la bonne attitude dans ces circonstances est de Lui rester attaché, comme les sarments à la vigne, pour que passe la sève, pour que coule le sang, pour qu'éclose la vie divine.

C'est dans les pires difficultés que saint Paul a acquis cette forte certitude, fondement de toute sa vie : "Si Dieu est pour nous, qui sera contre nous ?" (Ro 8, 31).

Plus que jamais le croyant d'aujourd'hui doit être quelqu'un qui manifeste par tous ses actes, intérieurs et extérieurs, qu'il fait à son Seigneur une totale confiance, car il est persuadé que sans Lui il ne peut rien faire. Cette ferme résolution transformera le monde.

Le défi du monde

Reste ce défi que le monde lance au Christ en ces jours. Sans doute s'agit-il d'un défi déjà ancien. Mais il est amplifié aujourd'hui aux dimensions de la planète. On "fait le pari que sans le Christ, un règne d'amour pourrait s'imposer." On "laisse entendre que sans Lui on peut tout faire, non seulement des prouesses techniques, mais aussi des prouesses d'humanité." On proclame que moins il y aura de "religion" et mieux s'en portera l'humanité. Et de faire valoir les guerres de religion et d'incontestables erreurs. C'est un réel défi pour le siècle à venir, dont on se plaît à répéter qu'il sera spirituel, tout en bâtissant un monde qui l'est de moins en moins.

Avant qu'elle ne soit posée, le Seigneur Jésus avait apporté une réponse à la question : peut-on se passer de Dieu ? Peut-on se passer non pas tant du divin en général ou de la religion sans plus de précision, mais bien du Dieu personnel qui a créé le monde, qui a pris la peine de se révéler et qui est venu montrer aux hommes la voie du salut ?

Un défi est lancé. Qui l'emportera : de la parole du Seigneur assurant que sans Lui on ne peut rien faire, ou de celle du "monde" qui proclame pouvoir se passer de Lui ? Sans crainte nous relevons le défi. Notre expérience confirme notre conviction : "A qui irions-nous Tu as les paroles de la vie éternelle !" (Jn 6, 68).

Achevé d'imprimer en décembre 2004
sur les presses de Saint-Paul Imprimeur
55000 Bar le Duc
Dépôt légal : décembre 2004
N° 12-04-1293